ビジュアル自分史

手帳は語る。

かすがい市民文化財団 編

水曜社

はじめに

手帳は人生のエッセンス

「手帳」。

この単語を辞書でひくと、「予定やメモなどを書きとめて持ち運ぶ小さなノート」とあります。

そう。手帳とは、あなたのカバンにも1冊入っている、それのことです。

ひとくちに手帳と言っても、星の数ほどの種類があります。

時間を管理するスケジュール帳、メモ帳、気軽なひとこと帳面、ビジネス用手帳、母子手帳、天文手帳、鉄道手帳、釣り手帳、短歌や俳句を書き留める帳面、家計簿、業務記録簿……。

仕事の数だけ手帳があり、人の数、人生の数だけの手帳が存在しています。

しかも手帳というものは、かなりプライベートなものです。

予定のほか、気づいたことをちょこちょことメモしたり、心に残った言葉を書き留めたりする方も多いでしょう。

そのため、「ちょっと見せて」と言われても、なかなか簡単にはお見せできない。なぜなら、「プレゼン頑張れ！」と励ましの言葉が贈られていたり、にやけた字で「デート」と綴られていたり、あるいは「もう、心底しんどい」と、本音が漏らされていたりするからです。

手帳を見れば、その時の自分自身が思い出されます。3年前の夏の物語も、20年前の結婚式も、ありありとよみがえるのです。

手帳を覗く。

それは何だか、その人の生き方を覗いているような、気恥ずかしい気分になるかもしれません。手帳にはそれだけ、自分自身の正直な声が、隠し立てなく記されている証拠です。

カバンの中に、背広の内ポケットに忍ばせるものの中には、人生のエッセンスが詰まっている。大宇宙ですらかなわない、「一人の人間の人生」という広大な世界が潜んでいるのです。そして、その世界を構成する数々のドラマは、ごくごく普通の、私たちのような人間の手帳の中で起こっています。

「人生にドラマあり」

そんな言葉で表現できる、普通の人々の普通のストーリーが、この本の原点です。

ビジュアル自分史全国公募「手帳は語る。」

この本は、ビジュアル自分史全国公募「手帳は語る。」の応募作品によって作られました。

作品は、愛知県春日井市にある「かすがい市民文化財団」の、2006年度全国公募に基づいています。応募された全174作品、この中から選ばれた27作品が、本書に収録されました。上は83歳から下は16歳まで、日本に住んでいる方々の手帳もあれば、病床で記された手帳、百年前の手帳、海外からの参加、そして戦時中のフィリピンレイテ島で記された手帳までと、まさに人生ドラマだらけ。「普通の人の、普通の手帳」の中で、人生のエッセンスが百花繚乱に咲き乱れています。

小さな1冊は、一人ひとりの時間と想いが詰まった「生きた証拠」であり、代わるもののない重みをもった1冊なのです。

かすがい市民文化財団の活動について

「手帳は語る。」の主催者、かすがい市民文化財団についても、少々お書き添えしておかねばなりません。

はじめに

愛知県春日井市は名古屋市に近接し、古くから尾張と木曽・信州を結ぶ要所に位置しています。尾張名古屋から飛び火してくる文化の香りが熾火となり、脈々と受け継がれるような、歴史と文化を有する地域です。 平安時代、和様の書の創始者の一人とされる小野道風も、春日井市が生誕地と伝承されています。

もとより文化に恵まれた場所である上、近年名古屋市のベッドタウンとして注目され、様々なルーツを持った人々が居住することになりました。そのため当地では、かすがい市民文化財団を中心として、自分たちの文化を見直そうという活動が、熱心に行われています。同財団は様々な文化活動のほか、「自分史」に特化した公募を積極的に行っており、今回の「手帳は語る。」は、第5回目の全国公募です。

応募作品からもお分かりのように、同財団の公募は、県下はもとより、国内外から広く参加をいただく規模となりました。また、身近なところから一人ひとりの文化意識を高めてゆく「自分史」の分野に先鞭をつけたところも、同財団の活動の素晴らしいところです。

このような中、特に「手帳は語る。」が素晴らしいところは、順位を設けないところです。

当全国公募は、最終的に書籍にまとめ形として残し、読んで下さる皆さまと結果を分かち合うことをゴールとして主催されました。その都合上、選内、選外は設けてありますが、そのどちらにも順位は設けてありません。

今回の公募は、書くことや、編纂することで自分らしさを見つめ直す、その行為そのものに意味があります。

このような価値観が背景にあることを踏まえながら、この本を楽しんでいただけましたら幸いです。

書籍化にあたって

「手帳は語る。」公募作品を書籍化するにあたり、「普通の人の、普通の手帳」を通じ、自分自身を振り返るというユニークな試みを、多くの方にご自身の興味としてお楽しみいただけるように、作品の編集作業に努めました。そのため編集作業上も、元の作品を生かすことを方針とし、なるべく「元のまま」の良さが伝わるように配慮致しました。同時に、応募背景がよく分かるように、追加取材を行った作品もあります。

しかしいかなる場合も、応募作品自体は複数の審査員の複数の目で、厳正なる選考が行われたことを、誤解ないよう記しておきたいと思います。また審査は、本来順位は設けないという本公募の趣旨を尊重した上で行われましたことも、改めて記したいと思います。

一緒に、手帳の世界へ

最後になりましたが、この記録は、毎日を生きる、私たちのような人の手帳から生まれたものです。

これを読んで何かを感じたら、今度はあなたの人生の時間を満ち足りたものにするために、ちいさなおとも……「手帳」を持ってみて下さい。

もっとも身近にいてくれて、お金がかかるわけでもありません。

それでいて、人生にすばらしい気づきをもたらしてくれる。

それが手帳。

手帳の記録はそのまま、人生の一大記録集になってくれるのです。

「手帳は語る。」特別審査員　藤沢優月

contents

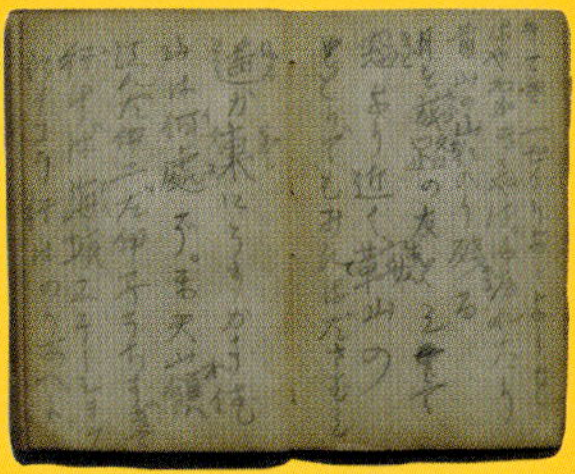

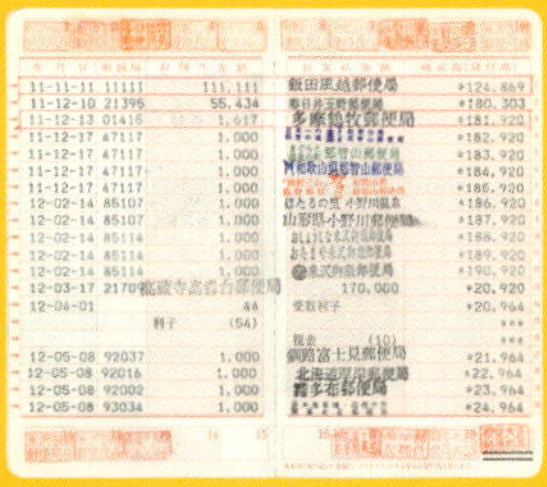

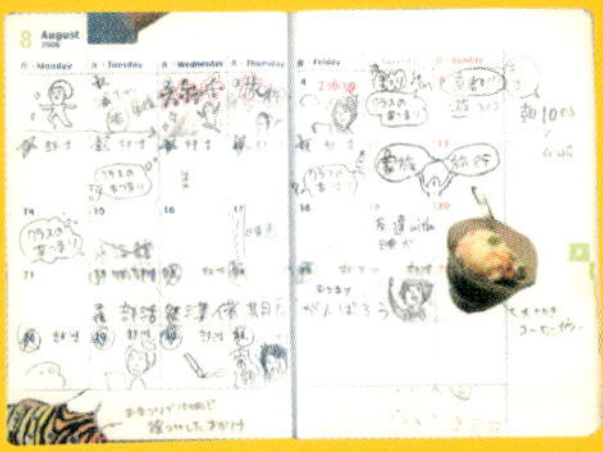

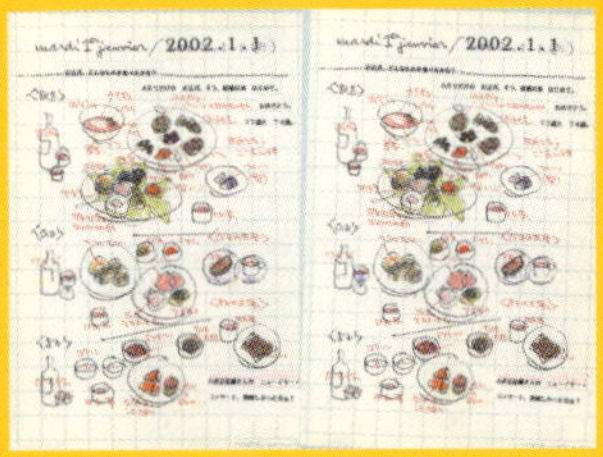

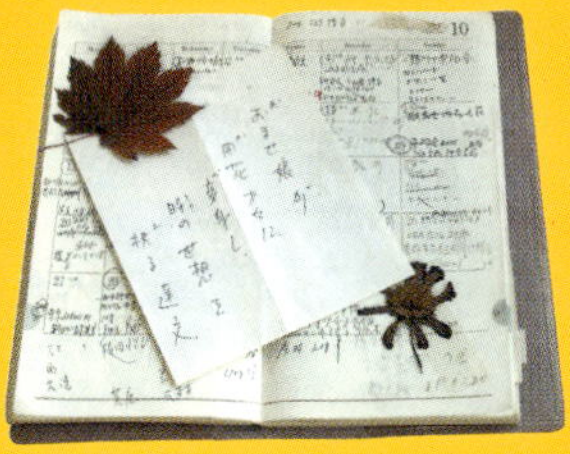

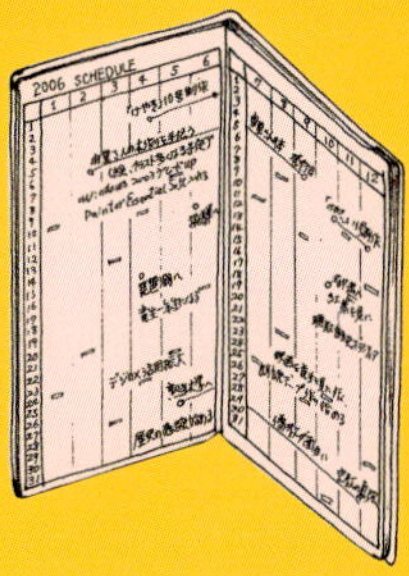

contents

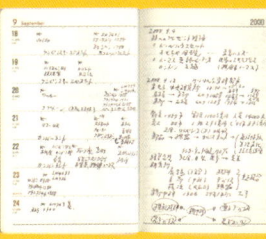

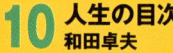

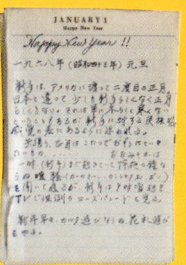

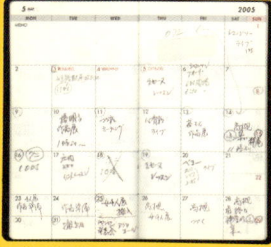

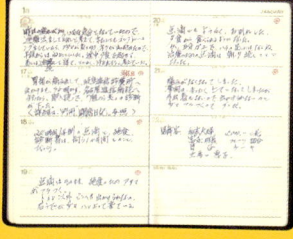

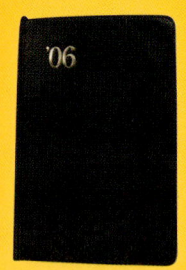

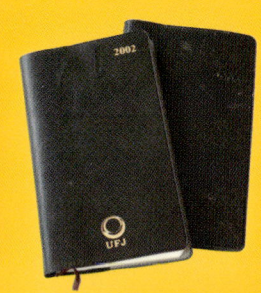

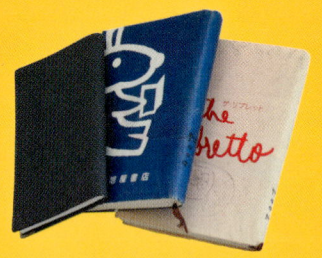

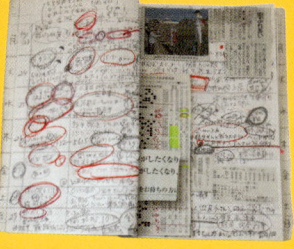

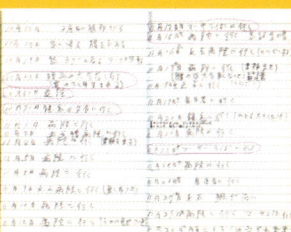

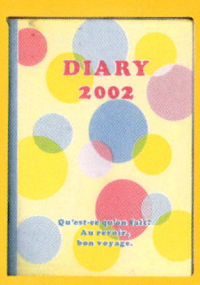

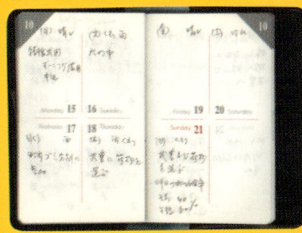

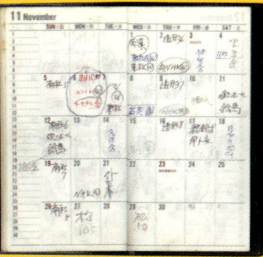

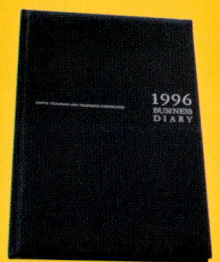

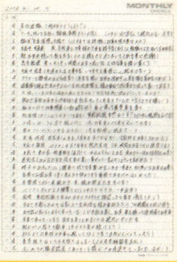

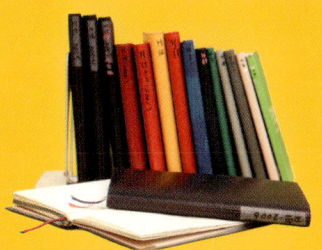

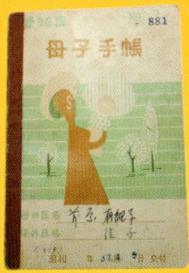

chapter 1
心に語りかけ

人生の時間の中では　幾度か
運命が　心に語りかけてくるような瞬間があります

そして手帳をひらくと
そこには　かつての時間の痕跡が　しっかりと残されているのです

戦争、死別、そして出会い
手帳は　その時の記録をとどめ　人生の証人になってくれる存在

そして　後から振り返れば
「あの時の出来事を、こんな風に感じることもできるのだ」という
新しい気づきさえ　もたらしてくれるのです

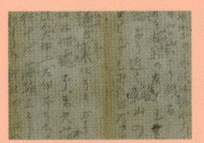

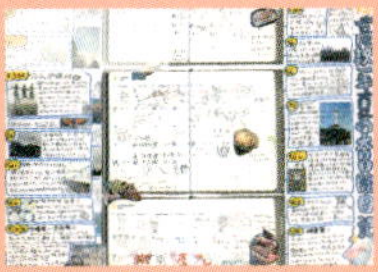

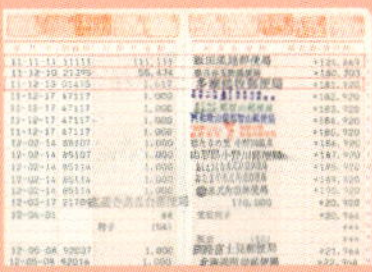
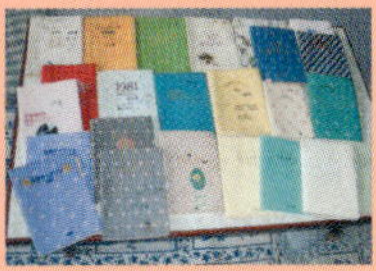

てくる手帳

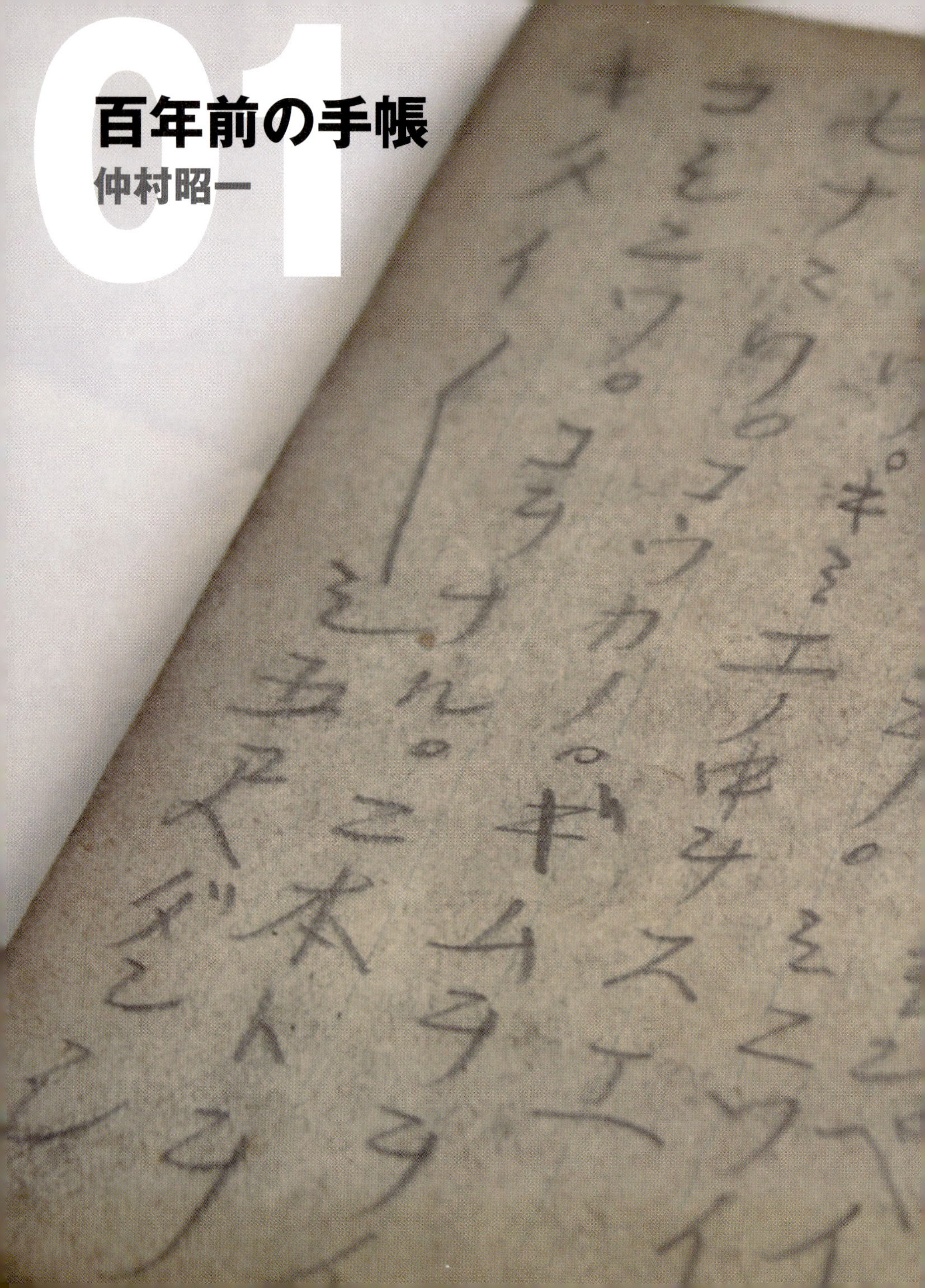

01

百年前の手帳

仲村昭一

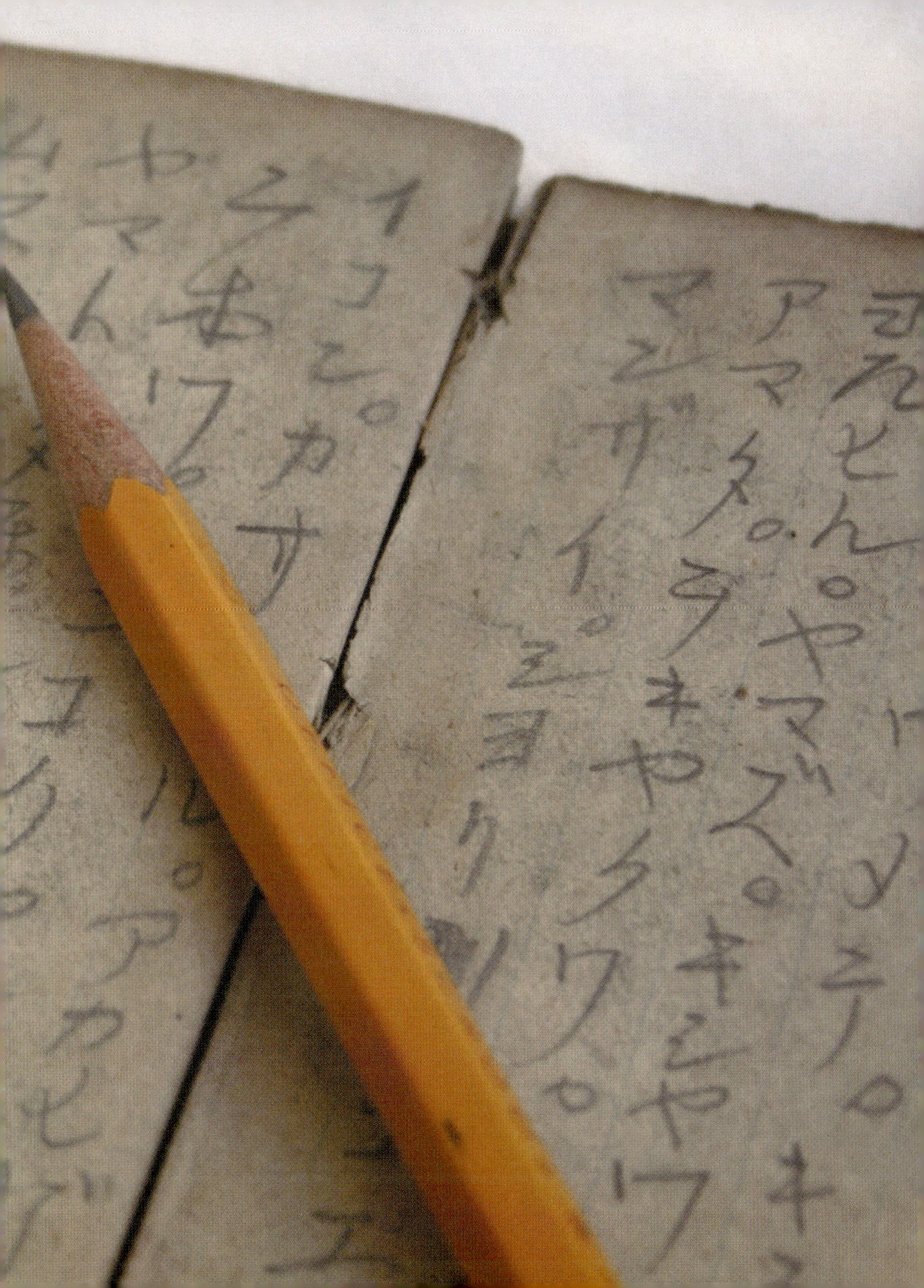

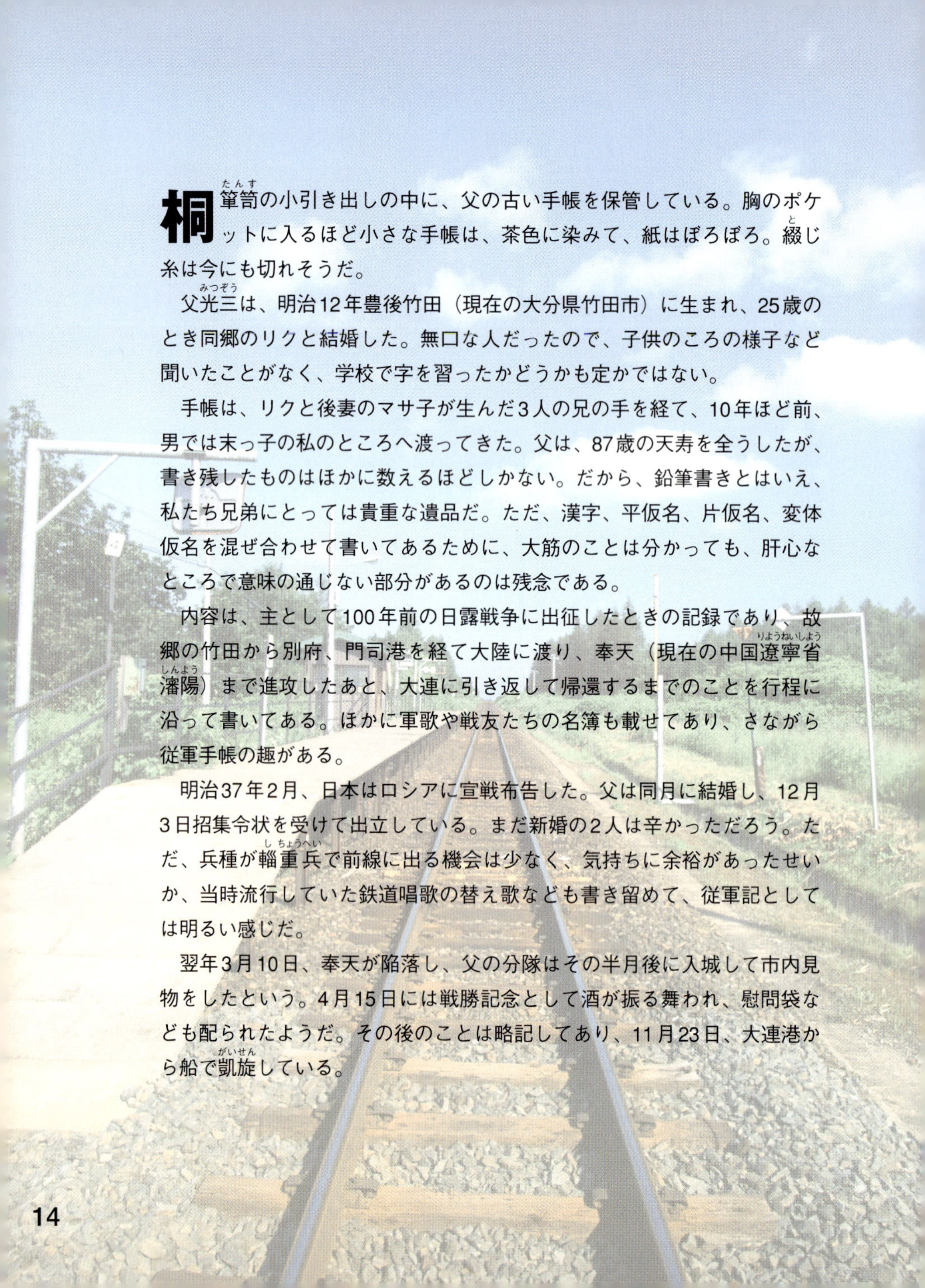

桐箪笥《たんす》の小引き出しの中に、父の古い手帳を保管している。胸のポケットに入るほど小さな手帳は、茶色に染みて、紙はぼろぼろ。綴《と》じ糸は今にも切れそうだ。

父光三《みつぞう》は、明治12年豊後竹田（現在の大分県竹田市）に生まれ、25歳のとき同郷のリクと結婚した。無口な人だったので、子供のころの様子など聞いたことがなく、学校で字を習ったかどうかも定かではない。

手帳は、リクと後妻のマサ子が生んだ3人の兄の手を経て、10年ほど前、男では末っ子の私のところへ渡ってきた。父は、87歳の天寿を全うしたが、書き残したものはほかに数えるほどしかない。だから、鉛筆書きとはいえ、私たち兄弟にとっては貴重な遺品だ。ただ、漢字、平仮名、片仮名、変体仮名を混ぜ合わせて書いてあるために、大筋のことは分かっても、肝心なところで意味の通じない部分があるのは残念である。

内容は、主として100年前の日露戦争に出征したときの記録であり、故郷の竹田から別府、門司港を経て大陸に渡り、奉天（現在の中国遼寧省《りょうねいしょう》瀋陽《しんよう》）まで進攻したあと、大連に引き返して帰還するまでのことを行程に沿って書いてある。ほかに軍歌や戦友たちの名簿も載せてあり、さながら従軍手帳の趣がある。

明治37年2月、日本はロシアに宣戦布告した。父は同月に結婚し、12月3日招集令状を受けて出立している。まだ新婚の2人は辛かっただろう。ただ、兵種が輜重兵《しちょうへい》で前線に出る機会は少なく、気持ちに余裕があったせいか、当時流行していた鉄道唱歌の替え歌なども書き留めて、従軍記としては明るい感じだ。

翌年3月10日、奉天が陥落し、父の分隊はその半月後に入城して市内見物をしたという。4月15日には戦勝記念として酒が振る舞われ、慰問袋なども配られたようだ。その後のことは略記してあり、11月23日、大連港から船で凱旋《がいせん》している。

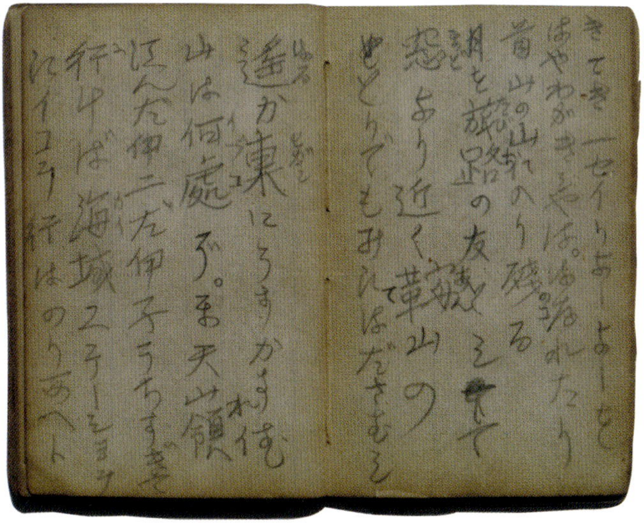

「鉄道唱歌の替え歌」のページ

感情を書き込んだ部分はほとんど見当たらず、事実を淡々と記しただけで、日記形式のメモ帳とも言える。字を書くことが何より苦手だった父が、なぜ書く気になったのか。万一の場合に備えて、両親や妻に残しておくつもりだったのだろうか。

太平洋戦争末期、私は海軍兵学校に志願し、1年近くの間、厳しい訓練を受けた。幸い戦場に立つことはなく、命は捨てずにすんだ。終戦の日から8日後、故郷米《こめ》ノ津《つ》町（現在鹿児島県出水《いずみ》市）の家に帰ったとき、両親は夢現《ゆめうつつ》の想いで迎えてくれた。

その夜、母は4合瓶1本の焼酎を探してきた。父は、炭火で燗《かん》をつけ、18歳の私のぐい呑みになみなみと焼酎を注いで乾杯した。小さな声でただ一言「ご苦労だった」と言ったきり、あとはほろ酔い機嫌で静かに母と私の話に耳を傾けていた。

母の話によると、広島に原子爆弾が落とされて街が全滅したと聞いたとき、2人は、近くの江田島にいる私も被爆したのではないかと話し合っていたらしい。元気で帰った姿を目の当りにして言葉が出なかったのも無理はない。この夜の父は、生涯でもっとも満足そうな顔をしていた。

私たち親子は、ともに1年近くの軍隊生活を体験した。父は、戦勝国の軍人として意気揚々と引き揚げてきたが、私のほうは、敗戦の重荷を背負って無様な姿で帰ってきた。

手帳を見ていると、その対比が読み取れて興味が湧く。行軍が何日も続く中で、辛いという文言はどこにも見当たらない。真面目一方だと思っていた父に、陽気な性格の片鱗《へんりん》が潜んでいるのを見つけて苦笑いする場面もある。手帳の中で意味の分からない部分は、今後、じっくり解き明かしていきたい。

手帳の表紙

02

旅は道連れ鞄の通帳

中崎光男

私は旅好きだ。ともかく旅が好きだ。

そしてまた、それらの旅の思い出づくりに旅先でいろいろなものを集めてくるのも好きだ。定番のこけしや人形、置物・飾り物にペナント、マッチ・箸袋・入場券・乗り物の半券、それにパンフレット等々枚挙にいとまがない。神社仏閣のご朱印・御由緒書、それに一般のスタンプまで加わる。

スタンプといえば絶対にはずせないものがある。郵便貯金に押印される「郵便局印」と「郵便局長印（こちらは朱印)」だ。

それまでは旅の記録といえば、写真を撮るのと、下手ながらハンディサイズの画帳にスケッチをするしかなかったなかったのだが。

平成16年の北海道の旅にも当然、鞄に通帳を忍ばせていった。

妻を誘い甲板に出る。日本海もこの辺まで来ると少し肌寒い。肩を寄せ合って旧恋の風景に目を凝らす。そう、40年前の思い出の新婚旅行の地なのだ。

「あそこの入江の奥にあるのが戸賀の集落だ。少し遠いが塔みたいなものが見えるだろう。黒と白のダンダラの。あれが入道崎の灯台だ。覚えているかい？」

「ええ、灯台は覚えているけれど、他は」

「ほうら、式が9月21日で、奥入瀬と十和田湖が22日、入道崎が23日、戸賀から門前まで船で行ったのが24日さ。あの頃は半島を一周する道路がなかったので、お前が船酔いしたら困るからと言ったけれど、船で行くしかなかったのも思い出の一つだ」
「お父さん、よくそんなことをいつまでも覚えているわね」
「いや、そういうわけではないけどな。タネはこれさ」
と旅行鞄のポケットから古びた2冊の貯金通帳をとり出して見せた。
「ほらここに『十和田湖郵便局長』や『大滝温泉郵便局長之印』や『戸賀郵便局長』などの朱印が押してあるだろう」
「そうね、預り高が1回100円がずーっと続いて、この辺りから500円、1000円になるのね」
「そうだ、何といったって新婚旅行だったからな。一見して新婚旅行の途中の花婿がまさか100円では格好がつかないだろうからさ」
「この20円とか30円とかいうのはなに」
「昭和35年11月5日からホッケーの全日本大学選手権大会が岐阜で3日程あって、その後木曽路をずっと歩いた時のものなんだ。木曽11宿の内の7宿分しかないのは残念だがね。よく見てごらん。ここに『神坂郵便局長』の印があるだろう。昭和59年から名前が馬籠郵便局に変っているんだ。時代の移りかわりを感ずるね」

筆者の郵便貯金通帳

私がこの旅の貯金を始めてから、かれこれ50年近くになる。

きっかけは宮城県の金華山に旅した時である。石巻からの連絡船を下り、黄金山神社に向かうと、その石段の登り口に郵便局があった。そこの立看板に、「黄金華咲くこの金華山で、縁起の良い貯金をどうぞ！」のキャッチコピーが躍っていた。思わずそれに惹かれて100円を貯金したのが、私の旅行貯金の第1号である。

それからは仕事で出張する時や旅行の折に行く先々で郵便局を探し貯金をして歩いた。今その数は500局を超えている。今のように写真に日付が入ることがなかった時代、この通帳の日付印と郵便局長印はまたとない記録づくりになっていった。

それに10回以上も転勤、転宅して歩いた私には、これまたそれぞれの土地の郵便局印が記念・記録として残っている。

©Tomo.Yun

この旅の記録貯金も昭和46年頃から、各郵便局にコード番号がつくようになってから、その楽しみがまた一つふえた。特異な番号を持つ郵便局をまわることである。

11111の飯田風越郵便局に平成11年11月11日に111,111円を入金に行ったり、平成11年12月13日にコード1415の多摩鶴牧郵便局で1,617円入金し、残額を181,920円と一気通貫を完成させたり、平成12年12月12日にコード12121で121,212円を入金し1,212,121円の現在高にするなどである。

極秘情報をお知らせしよう。亀山井田川郵便局のコードが22222、平成22年2月22日に、22,222円を皆さん入金に訪れてみませんか。

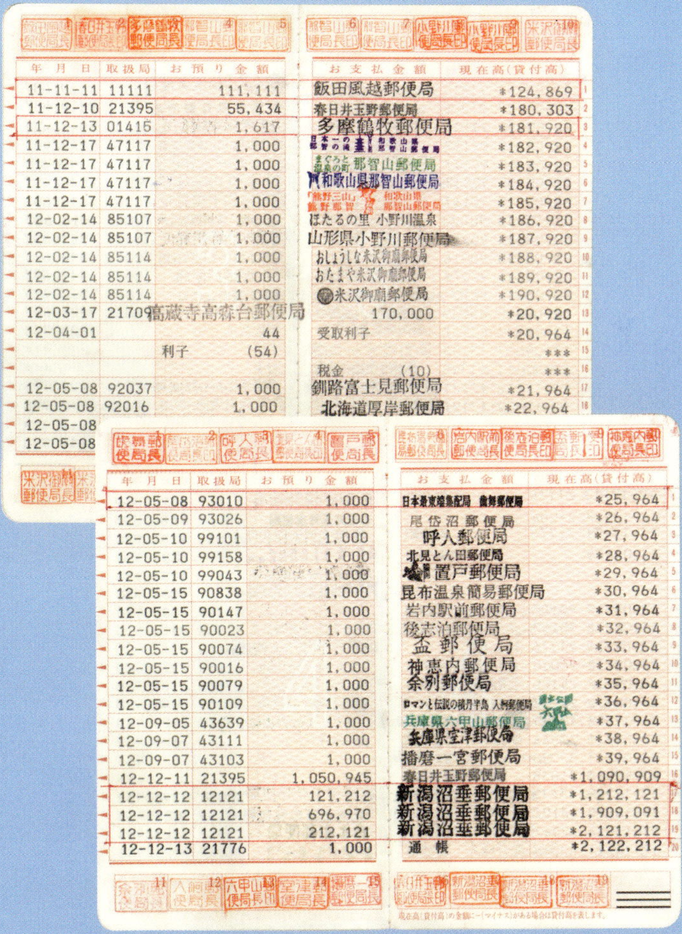

年月日	取扱局	お預り金額	お支払金額	現在高(貸付高)
11-11-11	11111	111,111	飯田風越郵便局	*124,869
11-12-10	21395	55,434	春日井玉野郵便局	*180,303
11-12-13	01415	1,617	多摩鶴牧郵便局	*181,920
11-12-17	47117	1,000		*182,920
11-12-17	47117	1,000	那智山郵便局	*183,920
11-12-17	47117	1,000	和歌山県那智山郵便局	*184,920
11-12-17	47117	1,000	熊野三山 和歌山県 那智山郵便局	*185,920
12-02-14	85107	1,000	ほたるの里 小野川温泉	*186,920
12-02-14	85107	1,000	山形県小野川郵便局	*187,920
12-02-14	85114	1,000	おしょうしな米沢御廟郵便局	*188,920
12-02-14	85114	1,000	おたまや米沢御廟郵便局	*189,920
12-02-14	85114	1,000	米沢御廟郵便局	*190,920
12-03-17	21709	高蔵寺高森台郵便局	170,000	*20,920
12-04-01		44	受取利子	*20,964
		利子 (54)		***
			税金 (10)	***
12-05-08	92037	1,000	釧路富士見郵便局	*21,964
12-05-08	92016	1,000	北海道厚岸郵便局	*22,964
12-05-08				
12-05-08				

年月日	取扱局	お預り金額	お支払金額	現在高(貸付高)
12-05-08	93010	1,000	日本最東端郵便局	*25,964
12-05-09	93026	1,000	尾岱沼郵便局	*26,964
12-05-10	99101	1,000	呼人郵便局	*27,964
12-05-10	99158	1,000	北見とん田郵便局	*28,964
12-05-10	99043	1,000	置戸郵便局	*29,964
12-05-15	90838	1,000	昆布温泉簡易郵便局	*30,964
12-05-15	90147	1,000	岩内駅前郵便局	*31,964
12-05-15	90023	1,000	後志泊郵便局	*32,964
12-05-15	90074	1,000	盃郵便局	*33,964
12-05-15	90016	1,000	神恵内郵便局	*34,964
12-05-15	90079	1,000	余別郵便局	*35,964
12-05-15	90109	1,000	ロマンと伝説の積丹半島 入舸郵便局	*36,964
12-09-05	43639	1,000	兵庫県六甲山郵便局	*37,964
12-09-07	43111	1,000	兵庫県室津郵便局	*38,964
12-09-07	43103	1,000	播磨一宮郵便局	*39,964
12-12-11	21395	1,050,945	春日井玉野郵便局	*1,090,909
12-12-12	12121	121,212	新潟沼垂郵便局	*1,212,121
12-12-12	12121	696,970	新潟沼垂郵便局	*1,909,091
12-12-12	12121	212,121	新潟沼垂郵便局	*2,121,212
12-12-13	21776	1,000	通帳	*2,122,212

郵便貯金通帳の中面。「1並びの飯田風越郵便局」「12121……の残金の新潟沼垂郵便局」などが確認できる

手帳にスポットライト

佐藤美恵子

30年溜まった手帳

2006（H18）年9月12日、自分史に変身させることができると知り、片づけられ眠っていたカビ臭い手帳をひっぱり出してきて、虫干しを始めた。手帳に再びスポットライトを当て、この30年間を振り返ってみたい。

30代、手帳との出会い

30代の手帳

1972（S47）年、結婚後10年目に働かざるを得なくなり、保母試験に挑んだ。主婦から一転して保母になった。

1972（S47）年、沖見幼児学園勤務。

1973（S48）年、千鳥幼児学園勤務。

すべてが初体験の30代だった。

園児名や行事予定の他に、新米ゆえに学ぶことが多く、その努力すべきことを手帳には書き込んだ。手帳は自分の教科書でもあった。

私が働くことになり、小学3年生の娘は「鍵っ子」になったので、母と子の連絡手帳を作った。私は「遅くなる」とか「習いごとに忘れず行きなさい」と、多く書いていた。娘は「早く帰ってきてね」が多かった。

夢中だった40代

次に、春日児童館勤務となった。ここは、3歳から中学生までが対象である。遊びを通して育ち学ぶことを目的とし、自由に来館できる所だった。

午前中は幼児が親といっしょに利用し、午後は下校した学童たちがあふれんばかりだった。遊びも、体を使い汗を流すことが多く、異年齢の集団あそびだった。そのリーダーになるのは「ガキ大将」といわれる子で、親しみと共に信頼される存在でもあった。

みんなが自由に遊びに来るなかで、何か目的をもって達成できることをしたいと考え、人形劇団を作ることを試み、呼びかけた。人形の手作りから公演に向けての練習までやり、大人の人形劇フェスティバルにも参加させてもらった。

『でこぼこ』という劇団名にした人形劇団の9年間の活動をまとめた。

『でこぼこ』のメンバーだった子は、今でも交流があり喜びである。

個人的なこととしては、岩見沢と札幌へ研修に出かけたことが記録されている。

40代の手帳

仕事に充実した50代

50代の手帳

1990（H2）年、住之江児童館に異動となる。

1992（H4）年11月13日、住之江児童館で火災に遭遇した。放火による火災で、一夜にして焼け、子どもたちは遊び場を失った。地域ぐるみで支え合い、仮設で3年過ごした後、新しいセンターとなってオープンした。この間、町内会、老人クラブ、母親クラブと一体となって協力し合ったことは忘れられない。

また、一輪車クラブを結成したこともある。一輪車に乗れる子に更に「技」に挑戦させ、音楽に合わせて乗る一輪車ショーは、夢の舞台であった。文化センターでその成果を発表できた。今も多くの子が夢に向かって乗っている。

1997（H9）年、末広児童館に異動となる。

そして、2001（H13）年12月31日、退職。30年間の仲間（職員）や、お世話になった母親クラブの皆さんから、寄せ書きや絵手紙を戴き、これは私の大切な宝となった。

60代、捨てる手帳に光が！

私は「ふだん記」を知り、書き溜まった文をまとめて本にした。①「照る日曇る日」と、定年（還暦）を機に改めて自分史を意識してまとめた②「支えられて」の2冊を出版した。

ところが思いもよらず3冊目をまとめることになった。一人娘が、癌で幼い三人の子を残し亡くなったのだ。娘の一周忌に私は追悼文集を出版した(③)。娘がどんなに子どもを愛し子育てをしていたのかということを、残された孫たちに伝えたい、娘の生きた証を残したいと思ったからだった。

2001 (H13) 年の手帳は、娘の闘病記である。9ヶ月間の入院で、2002 (H14) 年4月1日、娘は天国へ旅立ってしまった。今もまだこの手帳は開くことが辛い。

残された人生を、また手帳に書き続けている。今は夫の通院予約であったり、生活のメモ、日記、孫たちのことなどを記し、孫のプリクラなども貼っている。年末に買い求める手帳選びが楽しみになった。

30年間使用してきた数々の手帳に、「ありがとう」という感謝の気持ちでいっぱいである。

60代の手帳と自分史①〜③

半世紀前の小さな手帳

小桜あき

「手帳は語る。」のパンフレットを見て、半世紀前に使っていた小さな手帳のことを思い出した。文箱の中に、入れたままになっている。

箱のふたを開け、探してみた。何通かの手紙の下に入っていた。表紙には髪の長い少女の顔が印刷されていて、所々に茶褐色のシミがついている。縦11センチ横7センチの小さな小さな手帳である。

中を開いてみると、昭和26年のお小遣帖になっている。当時、わたしは高校1年生だった。お小遣いは2000円で、その中から月謝、定期券代を支出している。映画は100円、音楽会のチケットは200円、ノート20円、パン15円と記されている。物価が安かったと改めて思う。

その後のページは夫と出会い、結婚するまでの半年間のデートの様子が日記風に記されている。数えてみたら17回も会っていた。

ページをめくって読んでいくうちに、かすんでいた記憶が徐々に鮮明になってくる。

夫とはじめて会ったのは昭和33年5月22日12時半、知人の家だった。和室で正座している夫を見て、なんて太っている人だろうと思った。体重80kgの巨漢である。

お互いに好感をもち、お付き合いが始まった。その頃、まだ電話がなく連絡はもっぱら文通で、デートの約束も手紙だった。

8月8日、知人が息をきらせて走りこんできた。

「今日、会う約束の手紙を出したのに、一時間待っても来ない」

そう夫から電話を受けて、我が家へ知らせに来たのだ。

CHIAKI.F
BEAUTY MEMO

わたしは、あぜんとして言った。

「そんな手紙はきていない」

後日、局で訂正された葉書が届いた。夫が手紙のあて先を書き間違えたのだ。中村区中村町を中村区中村区と書いたので……。今のようにケイタイがあれば、こんなことは起こらないのにと思う。

手紙も往復25通ほどあった。その手紙は4年前に、夫が亡くなった後、何度も読み返してから幾重にも包み処分した。

10月19日、住宅の相談のため、夫に我が家へ来てもらう。公営住宅など申し込むのだが全部はずれる。結婚式を1ヶ月後にひかえ、住まいが決まらない。

11月3日、やっと民間のアパートに入居が決まり、2人で見に行くことに。アパートは、ガスもお風呂もなく炊事は炭火をおこしたり、電熱器を使った。家賃は5000円だったことをはっきり覚えている。夫の給料は1万7000円ぐらいだった。

16回目のデートは、夫の実家で結婚式の打ち合わせをした。翌日会う約束をして別れる。手帳への記述はここで、終わっている。17回目のことは、何も書かれていない。

今、小さな手帳を半世紀ぶりに手にし、若かりし日を回想する。夫と会った日々のことを手帳に書き記したことは覚えているが、読むのはそれ以来である。小さな字で書いてあるのでルーペ（拡大鏡）を使って読んだ。

住所が不正確で届かなかった手紙のこと、待ち合わせ場所を勘違いして夫を待たせてしまったことなど、読んでいると遠い日のことがつぎつぎと、よみがえる。

夫は4年前の桜の季節に他界した。共に過ぎし日を懐かしむことはできないが、胸の奥には多くの思い出が詰まっている。

きな手帳

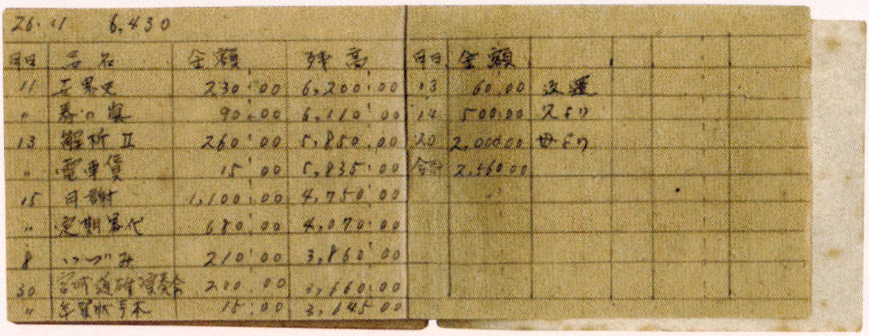

26.11　6,450

月日	品名	金額	残高	月日	金額	
11	[illegible]	230.00	6,200.00	13	60.00	[illegible]
〃	春の嵐	90.00	6,110.00	14	500.00	父より
13	解析Ⅱ	260.00	5,850.00	20	2,000.00	母より
〃	電車賃	15.00	5,835.00	合計	2,560.00	
15	月謝	1,100.00	4,750.00			
〃	定期券代	680.00	4,070.00			
8	いづみ	210.00	3,860.00			
30	[illegible]	200.00	3,660.00			
〃	[illegible]	15.00	3,645.00			

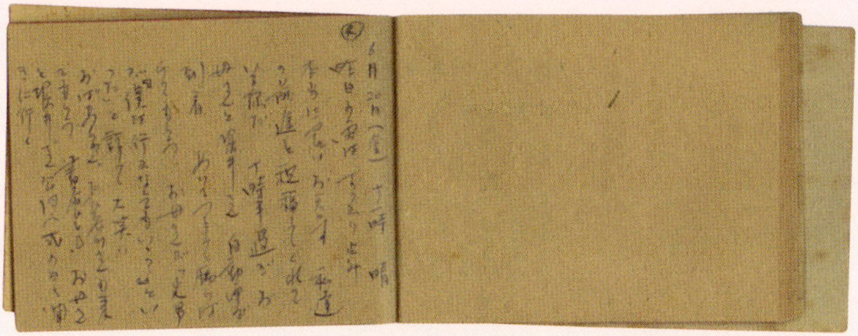

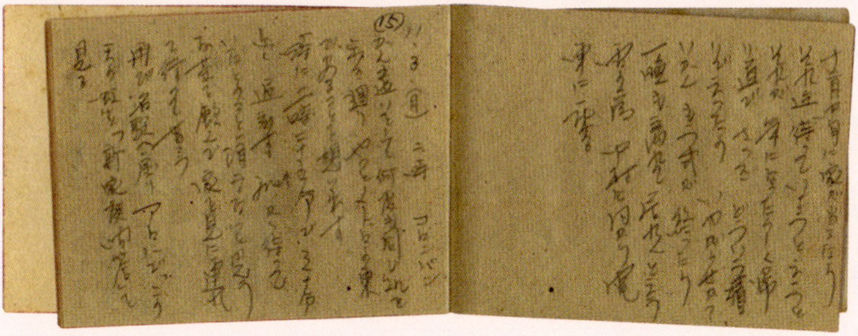

05

高校一年夏の大冒険日記

野田紗代

私の７～９月のことを写メとともに記録にしてみました。

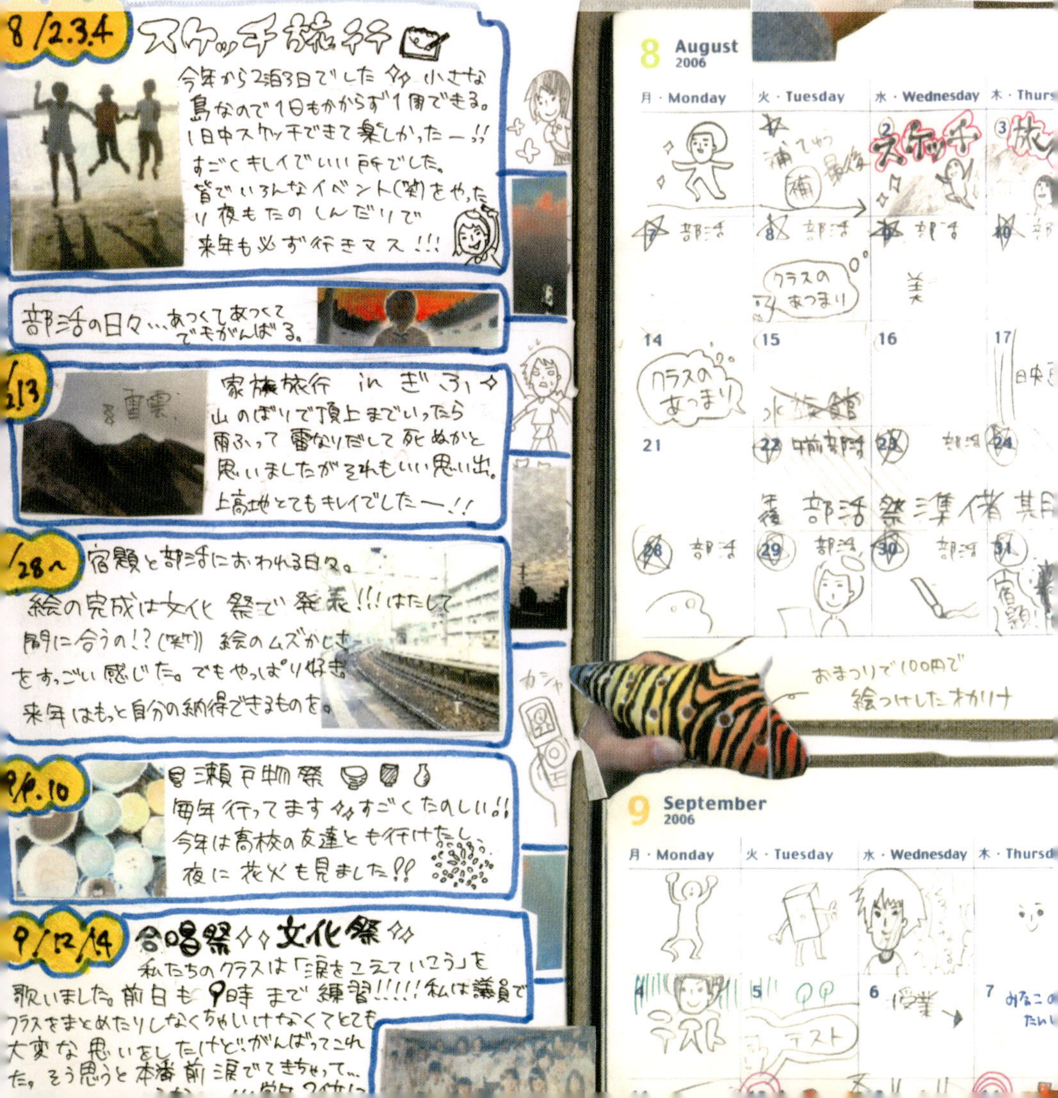

高校一年夏の大冒険日記

私の7~9月のことを写メとともに日記にしてみました

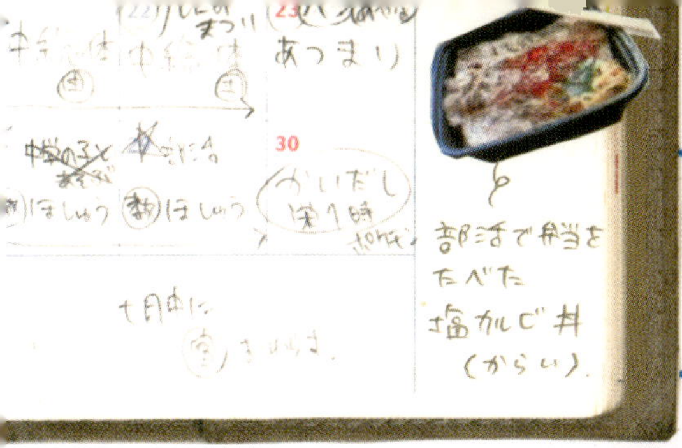

7/21.22
中学の部活の応援
先パイらしくおかしをおごりました。

7/30 文化祭のための買いだしの日♪
帰りは友達に自転車のせてもらった。青春♪♪

8/5 クラスのあつまり1日目!!
クラスの横断幕を作るために集まりました♪
いいものを完成させよう!
これは体育祭で発表。
おりがみ3色を
2cm平方に切って張る。

8/6 日がえりで京都♪♪
前日に京都で全国展がやっていることを知っていきなり行くことに!!!
自腹でがんばりました。
目標にもなったし。
それより一緒に行ってくれた友達に感謝

8/22~ 学校で文化祭準備
午前部活で午後はクラスで準備。横断幕よいかんじになってきました♪♪ 合唱も練習よ♪
帰るのめんどくなって友達の家にとまってしまう日も。(笑)
文化祭のプラネタリウムうまくいくといいなぁ。。

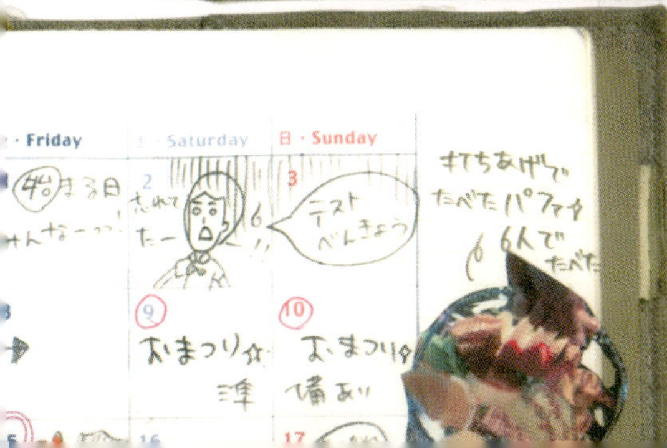

9/4.5.6 テストォォ!!!
夏休みあけ実力テスト…。忘れてたぁ。
かなり大変な結果に!!!(笑)
でも学校は皆がいて楽しいです!!

9/15 体育祭♪
私はリレーのアンカーになってて、みごとにコケてしまいましたが
横断幕はみごと全体3位♪

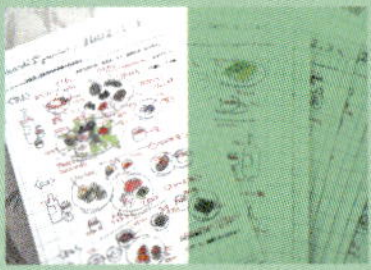
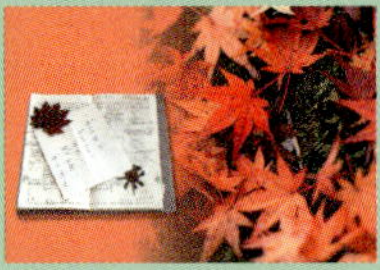

chapter 2
生き方があら

手帳には　生き方そのものが詰まっています

名刺代わりに　手帳を差し出せば
その人が　どのような価値観で生きているのか
しっかり　刻み込まれています

100人いれば
100人の使い方や　スタイルがあるのが
手帳のおもしろいところです

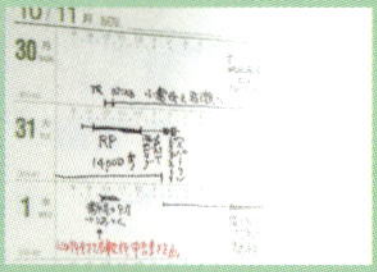

われた手帳

06

80歳の食事スケッチカード

つばた しゅういち

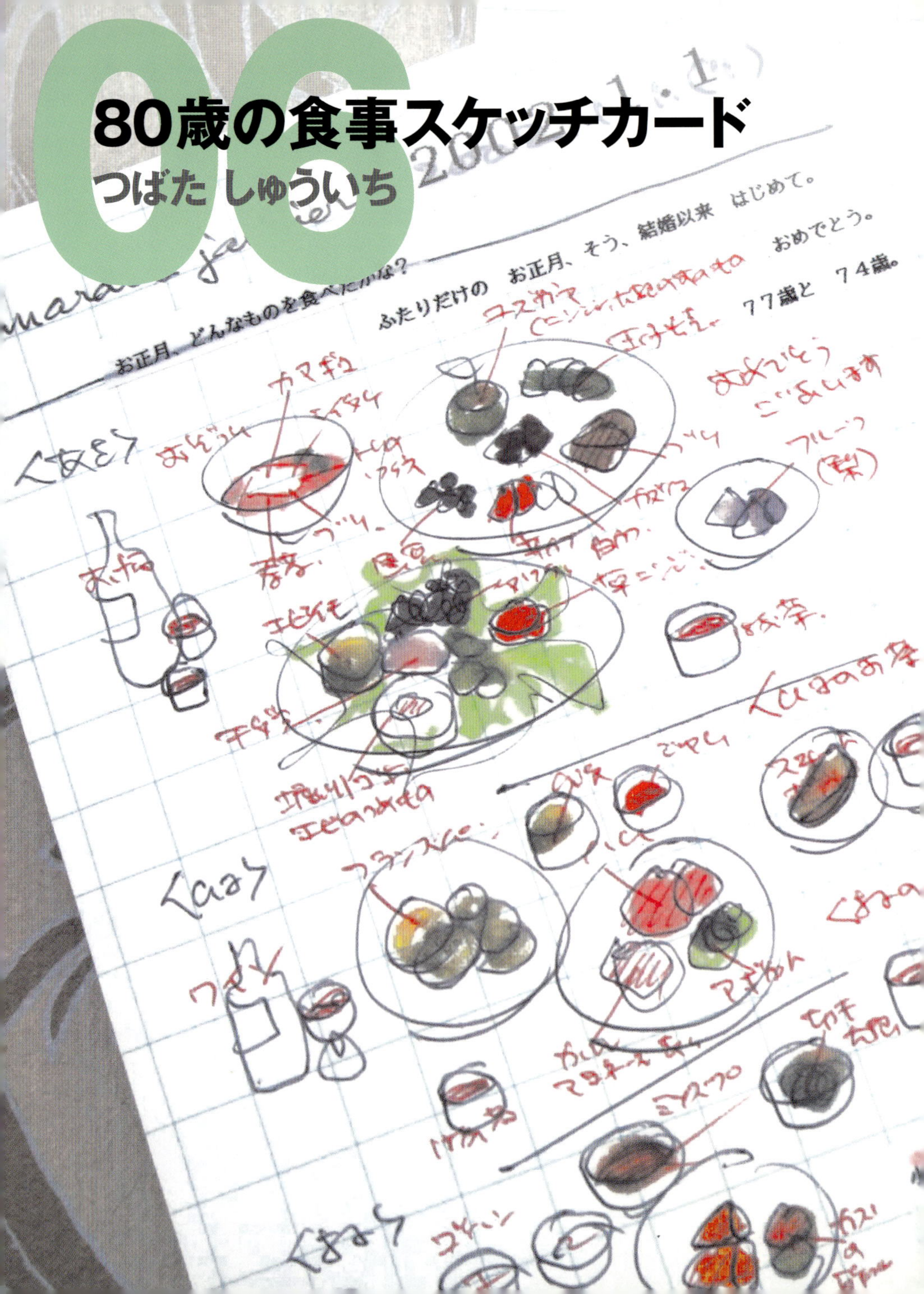

mardi 1er janvier / 2002.1.1
お正月、どんなものを食べたかな？
ふたりだけの お正月、そう、結婚以来 はじめて。
おめでとう。
77歳と 74歳。
小沢征爾さんの ニューイヤー・
コンサート、素晴しかったなぁ！
samedi 3 février / 2001.2.3
60歳から ジュース。これは、大成功でした。
これは、食卓の
常備菜です。
主人は、果物をなかなか食べてくれません。そこで、一工夫しました。
勿論、素材は クラインガルテン！
たりないミカン（和歌山）・リンゴ
（紀ノ国屋）は、友達のお世話に。
ジュースが、一日のはじまり
samedi 3 mars / 2001.3.3
はなこさんと一緒に、おひなまつり。
高蔵寺ニュータウンに住む、女医の鈴木屋江さんが、
私たちの暮らしの一年間を取材。KCTVで放 映したものの
総集編ができました。 毎回3分／12回をまとめた
たのしいビデオ。ご関心のある方は どうぞ。
おひなまつりの〈ちらしすし〉です。宅急便で送りました。
はなこさんの大好きな
イチゴのショートケーキも添えて
samedi 10 mars / 2001.3.10
ミソスープ、大好きです！ 自家製の味噌中心。
ミソスープの具は、
その時 畑から採ってくる旬の味です。
でも物足りないので、京都の本田味噌（白、西京、紅麹）に、八丁味噌を
ブレンド。それに、カツオブシ・コンブダシ でつくります。

地球にもっとやさしく、もっと長生きしてもらうために、私たちにできることって、何でしょう。考えてみると、私たちが求めてきた日常生活の便利さや快適さは、地球のエネルギーや資源の大量消費に支えられてきました。それを当り前と考えて、知らない間にそのシステムに組み込まれ、私たち自身が環境破壊の“加害者”になっていました。そのライフスタイルを、これからどのように変えたらいいのでしょう。

1980年代のはじめ、年金・福祉を凍結したドイツでは、“ゆたかな時代のおわり”を風刺した記事が毎日のように新聞にのっていました。市民たちは「お金よりも自由時間が大切」と、徹底的にライフスタイルの見直しをはじめました。庭なしマンション住まいの市民たちは、「庭のない住宅は住まいとはいえない」と、頭をきりかえます。一人ひとりが庭を持てなくても、小さな庭を手に入れる社会システムを工夫したのです。私は、1979年と81年に、この社会システム調査に出かけました。そこで、都会の中の現代・田舎暮らしを始めてみて、「こんな暮らしもできるんだ」とびっくりして帰ってきました。

そこでこれをお手本にして、春日井市の高蔵寺ニュータウンの中に1000平方メートルの土地を求め、雑木林とキッチンガーデンと丸太小屋を組み合わせた現代・田舎暮らしを始めました。そして25年あまり。とうとう、野菜・果物合せて年間120種ほどを小さな庭に育てて、訪ねてきた友人たちを手づくり料理でおもてなしできるようになりました。おかげさまで、81歳・78歳の私たち夫婦2人は、庭の雑草のように元気で病気知らずです。

　ところで、「どんなものをつくって、食べているの」と、度々聞かれます。そこで、お話しするより、1年365日の食事スケッチカードをつくって見ていただくことにしました。1日3回の食事・3回のお茶の時間。365枚のカードに、友人たちはびっくり。「主人が病気になったら、奥さんのつくる食事のせいよ」とは、彼女の口癖。私は、女房のすばらしい食事のおかげで、大きな病気をしたことがありません。

「いいなあ。でも、手遅れね」と嘆くことはありません。一般に、物事の進歩や速度は予想されるよりも遥かにのろくて、後になってあのとき準備していたなら間に合っていたはずと悔しがることが多いと、グィッチャルディーニ『政治と人間をめぐる断章』にありました。「おいしいものを食べて健康なら、万事うまくいくものよ」と、女房はさらりと言ってのけました。ホント。

「つばた流・遊び心」が、そこ、かしこに

多摩（東京）、千里（大阪）と共に、日本三大ニュータウンのひとつである高蔵寺ニュータウン（愛知県春日井市）の生みの親であり、その後、広島大学教授として都市環境学を専門とされていたつばたさん。今は自由時間評論家です。

そのニュータウンの一角、30年前から「何も無かったところへ、自分流の生き方、住まい方をしてきたら、こうなった」という、まことに趣のあるお宅。そこから、風雅にしてお茶目な暮らしぶりがうかがえました。

公園の隣という地の利（？）を活かして、清掃かたがた落ち葉を集めること30年。大きな米袋で毎年200袋、昨年は220袋と、ついに新記録更新だそうです。それは堆肥となり、黒々とした土になり、四季折々、120種類の野菜を育てるキッチンガーデンに鋤き込まれています。このキッチンガーデンで無農薬栽培されたエビスグサの種子のお茶と野菜のジュースは毎日欠かさないと言われます。そのせいでしょうか、キビキビとした身ごなしからは、とてもお歳には見えません。外見もさることながら、その考え方の若々しく柔軟なこと。「不便で、手間・暇かかる暮らしが好き」と、スローライフのそこ、かしこに遊び心が見られます。

例えば、畑の土を起こしたりする力仕事が必要なときは、奥さまから「しゅういちさん、おねがい／ひでこ」と赤い旗が立ちます。それを見た修一さんは、「ひでこさん、ＯＫです／しゅういち」と青い旗を立て、英子さんの要望に応えます。「口で言うと角が立つようなことでも、こうすれば、なんとなくやる気がでる」とのこと。使い込まれたその旗の様子から、お二人のやりとりの歴史が浮かんできます。

建物がまたユニークです。家には玄関がありません。訪問者を、いきなり生活の場へ招き入れ、心からのおもてなしをされます。手作りの茶菓、一つひとついいものを揃えた家具や食器、ほのぼのとした話題の数々。そこから、人との係わり方の品の良さ、お金に対する考え方の品の良さが伝わってきます。

そして、驚くのはファイリングの見事さです。「人生のクライマックスは記録か

らわかる」とか。仕事の記録、写真、手紙、買物、献立、もてなし料理のメニュー……。暮らしに現れる様々な事柄を、あるものは縮小コピーをとり、あるものはイラストをつけ、きちんとファイリングされています。それは、日々を丁寧に暮らしてこられた証とも言えるもの。今回の「手帳は語る。」に応募された「食事スケッチカード」も、「バランスの良い食事こそ健康維持の基本」との考えに立って毎日記録されたものです。

「つばたさんにとって手帳とは、自分史とは……」を聞いてみました。

「手帳とか、自分史はまさに記録、生きてきた記録です。毎日を記録することを大切にしている私にとって、書かない、記録しないでは、生活が回っていかないのです」とのこと。そして、この記録は「孫のはなこさんへのメッセージ」だとも。一朝一夕には育ちにくい「良質な暮らし方」を、記録することによって伝えることができるとお考えのようです。

手作りベーコンの製造過程も記録に（上）畑に立てる連絡用の旗。「英子さん、OKです」の文字が確認できる（下）80代には見えないつばたさん（右）

07

私の歴史、思い出手帳

末光時枝

手元に残っている28冊の手帳はサイズも色も様々。手帳と言えば黒か茶色しかなかった時代から、今は眺めるだけでも楽しく選ぶのに困るくらい。使った手帳のカバーの色や絵柄を見ると、その時の生活や心理状態が分かるようだ。半数以上が赤で、花柄が3冊、黄色が2年続いている。

手帳が週間から1カ月見開きに変わったのは、仕事も家庭も子育ても忙しくなり、日程や時間のやり繰りに、一目瞭然に生活の流れをつかもうとしたからだろう。赤ペンや青ペンで、区分けをして書いている。記録していなくても、紅葉や花の押し花が変色してはさんであるのを見ると、あの日のことが思い出される。

40代50代は、仕事と学習の記録メモが多い。映画や観劇もたまに点在し

前列右端は、お気に入りの和紙や着物の端切れでカバーをかけたもの

ているが、読書メモが多くあり、読んだのかと記憶にない題名もある。斜め読みに読んだか、布団の中で睡魔と戦いながら字面だけ追ったのかも知れない。

旅行中に見た風景に感動して詠んだ短歌や、奇遇の出会いのときなど、主に旅行中に歌を書きつけている。旅をする時が自分になりきれるときで、自由な発想になるように思う。

2歳だった孫がいたずら書きをした線は、私のそばに座ってじっと見ていて、私が席を立ったとき初めて鉛筆で書いたもの。手帳を元に成長記録や日記を手作り絵本にしてプレゼントした。

孫も多くなり、一緒に遊びに行くとプリクラを撮ろうとねだられ、値段の高さに驚いた。1枚もらって手帳に貼って、その笑顔にずいぶんパワーをもらえたのはよかった。当時はプリクラなど恥ずかしくて人には見せられなく、私の秘密でもあった。その頃の私の顔は若く、おどけた孫たちのはじける笑顔がいい。今は孫たちも大学高校中学生など大きくなり、一緒にプリクラを撮ることもない。

定年になって6年は地域活動で夜の会議も多く、仕事をしているときより手帳の書き込みは多かったが、ここ数年は趣味で着物のリフォームをしている。お店で見たり、素敵な仕立てのリフォームの洋服を着た人を見かけるとスケッチしたり、作るヒントを書きとめている。思い出の紫の着物の端切れで、手帳にカバーをしたものもある。 高校生の孫娘が私の手帳を見て、「手帳って、スケジュールだけじゃないのか…」とびっくりしていた。「いい言葉に出会ったり、本で素敵な言葉を見つけたら、書き留めておくといいよ」と話した。1冊の手帳を繰り直すと欄外や余白に貴重な記録があり、格言や嬉しかったこと、同級生が名前を織り込んで詠んでくれた折句のヨイショの歌が大切にはさんである。励ましてくれた多くの友や、家族に感謝。

08

つぶやくような　のうと

みっこ

私は　淋しいから
書き続けているんだよ。

ほんの街の片隅で
起こっている　私の日常。
つらいことがあったり
平凡な毎日の中で
私が感じた　小さな幸せ。

こんなことがあったんだよと
つぶやくように
誰かに聞いて欲しくて
書いている。

小さい頃は
親や友だちに
日々の出来事を逐一
報告していた。
日記は
先生が見てくれた。

今は　見てくれる人も居ない。
大人になってしまった私。

今日も　やっぱり書いている。
淋しい私が、ノートの片隅に。

ほんまのことのほうが
ずっといい
今 あるこの日のほうが
ずっと ずっと ええよ。
by Yuko Onari
着いたあ。
Letter to
独りでも
胸を張っていいのだよ。
nesday
Thursday
Friday
Saturday
Sun
GAKKÔ
2
JIKKEN
ゼミ 13:00
3 文化の日
GAKUSAI
4
かば＆なみと
5
学祭へ行ったよ。ライブもよかった。
カラオケ
©UFS
9
JIKKEN
・10:00
・13:30
4限 事後研究
ゼミ 13:00
ひまわり 12:15
10
JIKKEN
・10:00〜
・13:00
11
ひまわり
9:00〜
12
マイ・ルー
16
ゼミ 3限
17
ミュークのゴールドラメマスカラGetしたのだ。
ひまわり 12:15
18
11:00〜 ひまわり
19
ラメン食って鶴ヶ城へも行ってきた
23 勤労感謝の日
24
GAKKÔ
ガストでハンバーグ食ったのだ。
ごはん
25
ドキドキ
9:00〜 ひまわり
カギあけ、カギ返すこと!
26
30
アツコ
BIRTHDAY
ゼミ 3限
浜田くん Sachiko にTEL
自分が幸せになんないと
子どもとも
大切な人とも
向き合えるわけないよ。

スタバにて。
11／4　生きてて、よかった
今日は、“世界の中心で愛をさけぶ”の映画を観に、久々に「黄金町」へ来る。伊勢佐木町のスタバで久々にtall・ラテを飲む。
アメリカサイズと同じだった。
味も似てるかな。
ここのスタバは混んでないし、外で飲めるしいい
久々にコーヒー飲みながら外でぼーっとしているなと思った。
こういう時間はやはりいいなと思う。
外に座ってコーヒーを飲んでいると、色んな人が私の前を通りすぎていく。
サラリーマン。女子高生。犬を2匹連れたおばさん。ぬいぐるみの衣装を着て、プラカードを持ったおじさん。
そして、遠くの席に座ったおばさんが友人らしき人と話しながら、泣いている。
また、私の前に相席した中国語らしき言葉を話している2人組の一人が、話の途中、不自然な発音で、「生きていて、よかった。」と言った。もちろんどういう話の流れからなのかは、わたしにはわからない。
そんな中に、ぼーっと身を置いてコーヒー飲んでる私も、「生きてるって、いいな。」と何となく感じた。

しあわせでわらえる日も
ひとりの夜がさびしい夜も
かれと別れて…つらい日も。

09

脳活性化手帳　老人の背中を押す

各務勝彦

で再び公園近くを通り抜けた。一夜にしてあざやかな転機。春風がいっせいに散らす花の乱舞。散る花に胸さわぐ……である。

年々、老化で能力が衰え、自信をなくし、不安が増し、ウツを助長する。能力が衰えると思うから不安になる。衰えるのではなく、変化するだけだと思うことにした。その変化に適応すればよい。生き残った能力を、どう活かそうかと工夫するのも、また楽しみの一つである筈だ。

孫の竜生が本に興味を持ってくれるよう、彼に聞かせる朗読テープを作りたい。読んで欲しい本を選び、私の朗読を面白がって聞いてくれるよう工夫し、彼の反応を観察する、そんなことをこれから、勉強しようとすると、来年の手帳のスケジュールは、きっと、うまく埋まってくれるだろう。

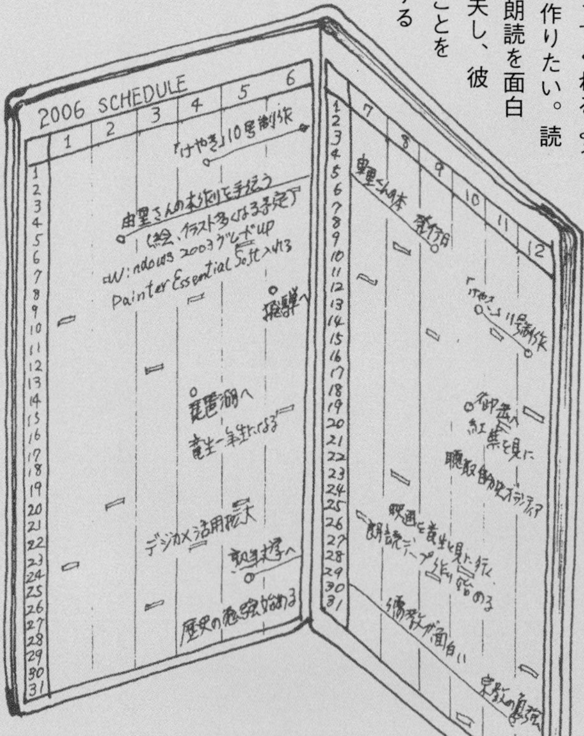

「先日は……すみません。つい、忘れてしまって」。少し間を取りながら、気分を害さないで聞いてもらうために、1／fゆらぎの間になるよう詫びた。

「近くに来ていながら……渡辺さんの顔を見たのに……思い出せなかったんです……」

言い訳がましくならないように、軽い調子で弁解したが、自分では「惚《ぼ》けなんだ！」と深刻な気分であった。

私はもうすぐ七十歳になる。会社員生活の終盤、病気をして回復できないまま定年退職を迎えた。それからの十年間は、体重の減少で体力に問題はあったが、何をするにしてもフットワークが大切と心がけ、何とか凌いだ。

最近になって、ウツだろうか？　何をするにも気が重くなって動きが鈍ってきた。「動かな惚ける」とお呪いのように唱えて動くが、疲れて、ミスが多くなる。なんとかせねばと、そんな情況を打破するために手帳を使ってみることにした。

目標・期限・手順、計画と効率を重視し、手帳を見いみい過ごした会社員時代、苦しく辛い思い出ばかり詰まった手帳など、退職したら「おさらばだ」と忘れることにしてきた。二〇〇六年、忘れようとしたその手帳を復活するのだ。ちょっと気分は複雑……。

一月、風邪をこじらせた。二月、十二指腸ケイレン頻発。前途多難。

三月、孫の竜生が保育園を卒園した。式の日、あの恥しがり屋が一番に、堂々と証書を貰う姿を見て感激した。彼と遊べることは大きな喜びである。虫捕り、動植物の名前当て、私の苦手なことばかりであるが、老人の俄か勉強もまた楽し。体調は徐々に良くなる。

四月、自分史仲間と琵琶湖を旅する。彦根城の満開の桜に自然の運命の不思議を見る。四月十六日、みごとな満開の桜に出逢えた。一枚の花びらも散ってはいなかった。翌日、移動

10

人生の目次

和田卓夫

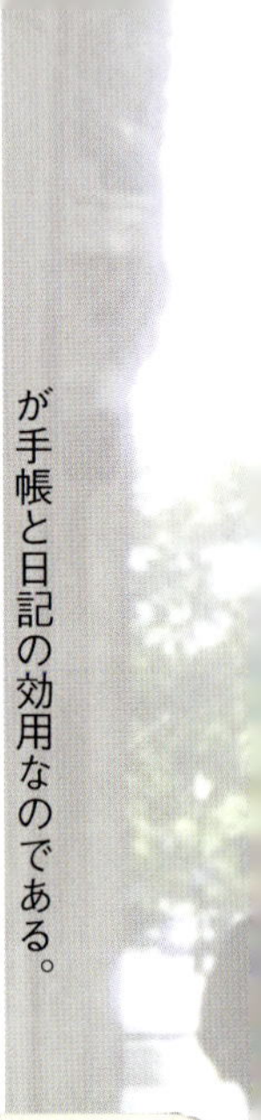

が手帳と日記の効用なのである。

先ず手帳・日記を書く習慣を身につけ、行動の記録はいつか何かの役にたつ時があると考えていたが、今回、金のかからない「一冊の本作り」に結びついた。

手帳・日記は読み返してみると反省材料にもなる。また明日への行動の計画の指針にもなる。こんなことを繰り返していたら古希をこえた。還暦の年に何か記念にと考えたことが今大いに役立っている。

手帳・日記が「一冊の本作り」に結びつき絵本展まで発展したことを思うと、「手帳は人生の目次である」と考えるのである。

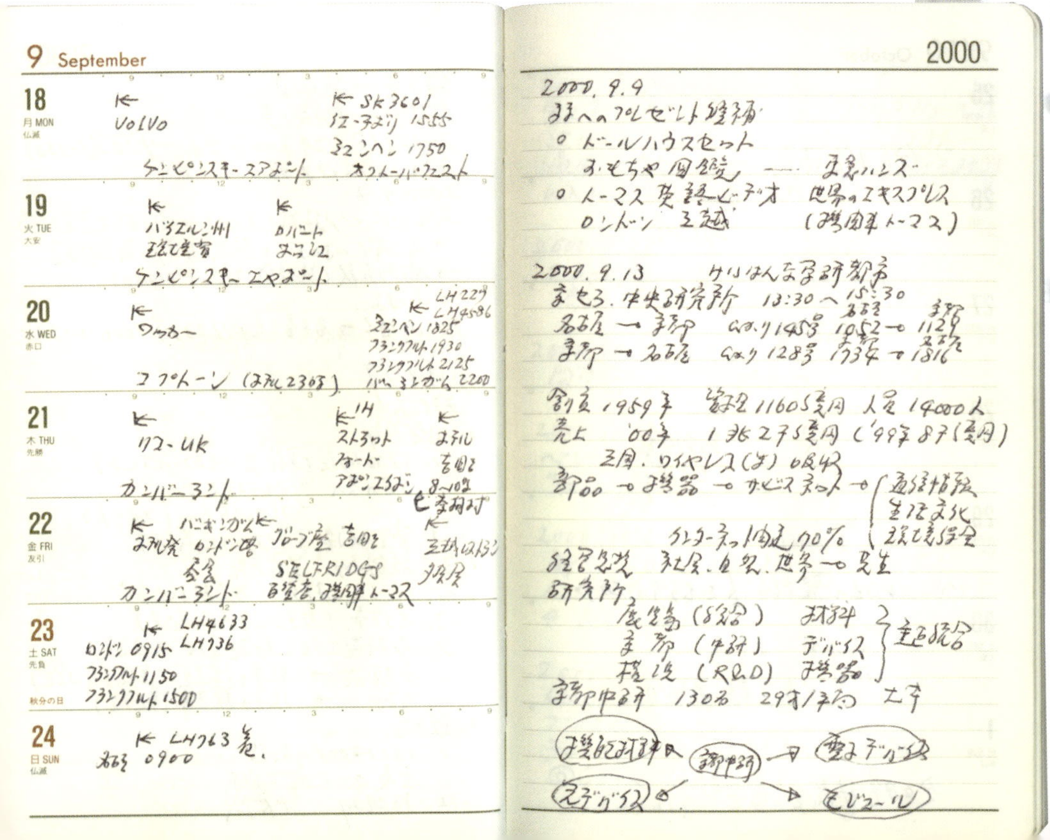

メンバー十七名の「ホワイトキャンバス」のグループに参加している。年一回会員の展覧会を名古屋市民ギャラリーで開く。

今年は二回目で、十月に「絵本」をテーマに開催した。十七名のメンバーがそれぞれ想いの絵本と原画を持ち寄り展示する。皆、力作を出展し、一週間で六百名ほどの来場者がありなかなか好評であった。

私は一九九五年、還暦を迎えた年の元旦から十年日記をスタートさせた。ある程度正確に記録しようとすると、その日の行動が時系列に分からないといけない。手帳をこまめにつけることが大切である。手帳がしっかりとつけてあれば、海外へ出かけた時など日時を思い出しながら記録することができる。

今回の絵本展はこの記録をフルに使った。中部地方の環境視察団に参加し、ロンドンを訪問した記憶があったので、早速手帳を調べてみた。すぐ見つかった。二〇〇〇年九月の第四週で、ロンドンに滞在したのは二十一日木曜日と二十二日金曜日の二日間である。自由行動をしたのは金曜日の午後である。

かねてから訪れてみたいと思っていた、シェイクスピア劇団の本拠地「グローブ座」へ出かけた。セント・ポール大聖堂を目印とすると、テムズ川を挟んで対岸のサザーク橋の南側近くに建っている。

十年日記をのぞいてみると、「二〇〇〇年九月二十二日金曜日、昨晩は吉田君と久しぶりに二時間ほどホテルの近くの日本料理店、奈柯村で鍋焼うどんを食べて懇談した。今日は午前、団体行動でバッキンガム宮殿、ロンドン塔を見学、昼食を終えて十二時半ころ吉田君と合いシェイクスピアのグローブ座を見学した。今晩泊まるホテル近くのデパート、SELFRIDGESで孫の土産を買い夕食会場へ」と記録している。六年前の行動が鮮明に思い出される。これ

11 古い住所録

岸本　昭

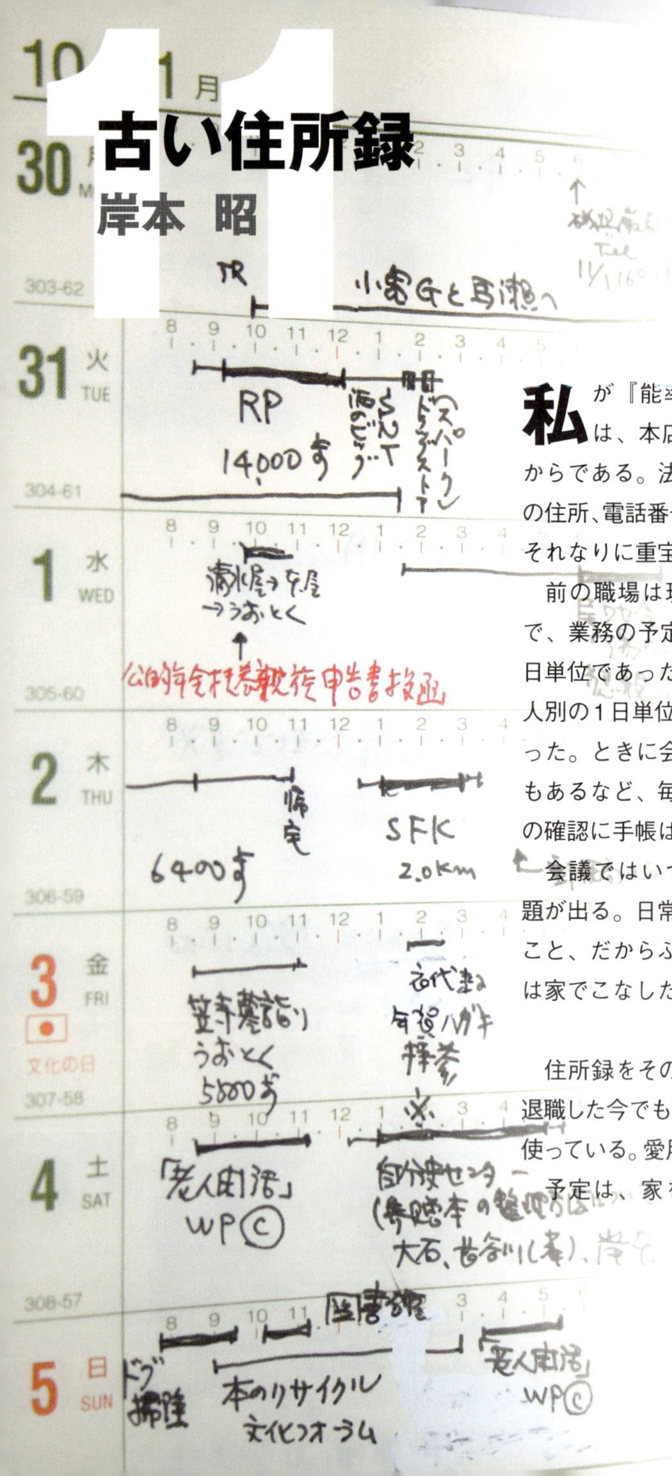

私が『能率手帳』を使い始めたのは、本店勤務になった昭和40年からである。法人仕様で社内の各事業所の住所、電話番号などが記載されており、それなりに重宝した。

前の職場は現場の業務が主だったので、業務の予定は、班毎に週間または1日単位であった。それが本店にきて、個人別の1日単位に、しかも時間刻みとなった。ときに会議が、午前と午後の2回もあるなど、毎日が時間に追われ、予定の確認に手帳は手放せなかった。

会議ではいつも「次回までに」と宿題が出る。日常業務でさえ時間外は常のこと、だからふいに飛び込んできた仕事は家でこなしたものだ。

住所録をそのまま差し替えられるから、退職した今でも同じタイプの市販のものを使っている。愛用歴は実に40年余となる。

予定は、家を出て帰るまでを細線で

引き、要件を下に書く。実績は太線で。残った細線が往復と、準備や待ちの時間となる。ついでに歩行数や泳いだ距離などもメモしておく。

だから私の手帳は、目で見る日記帳である。こうまでにする必要はないのだが、これも長い会社生活で身についた習性であろう。

月末に予定表から翌月分を、居間の大きな月暦に書き移す。忘れないためだ。それをときに見忘れて約束をボシャリ、我老いたり！　を実感するこの頃。それでも考えようだ。健康だからこそ、予定を立てて外出できるのだ。これも老後の身には小さな幸せと言えよう。

21世紀になったとき、昔の手帳は全部捨てた。差し替えた手帳の住所録で、目につくのが赤線で消した欄。この歳（77歳）になると、一番気になるのが訃報である。知らせを受け赤線で消す。これが辛く寂しい。

一番こたえるのが同級生のもの。同じ時代を生き、心を許しあった友は、私の人生に欠くことのできない大切な存在だっただけに…。

「明日はわが身かも？」の念にかられもする。

住所録の赤は、ここ14年来の物故者の名簿で、黒は生きている仲間たちである。櫛の歯ではないが、欠けることはあっても増えることの絶対にない仲間たちに、どうかこれ以上赤を増やさないでと、願うこの頃である。

そろそろ住所録を新しくしようかな？　と思うのだが。なぜか赤の名前を消してしまうのが心残りで。

12 クロ

細井しげみ

人様に見せるものではないから良いのですが、時々首を傾げて私を見ている主は、自分の書いた字が読めないようです。主が言い訳のように言いました。「どんなことでもいい、下手でも乱雑な字でもいい、毎日一行でも書くことが大事だ」と。私も言わせてもらいました。「その通りです。私に書いたことは、あなたの生きて来た足跡、自分史です。喜びも悲しみも、病気だって人生です。後で読み返しの出来る字で書いてください」と。私は半年ほど前から主の健康管理を手伝っております。外科やリウマチ内科の診察日、血圧測定値、痛み等の症状、摂取した食品以外にも、買い物のことや文化教室、ボランティア等の日程が記録されています。忘れられたり面倒で書いてもらえなかった日もありますが、私が認知症の予防に役立つと思うと嬉しいです。就寝前に「今日は何を食べたかしら？」と、思い出しながら私に記入している主です。夫婦の健康のために三十種類以上の食品摂取を目標にして頑張っているようですが、私には、未だまだのように思えます。

お恥ずかしいですが、私の一頁をお見せしましょう。キナは黄粉、あじさいはボランティア、●印は便通です。

「自分の足跡を振り返って見るのもいいね」と、主が私に言ってくれました。早いものです。五歳の孫娘はるちゃんは、主が入院していた時には一歳半でした。私も二ケ月後には次のクロと交替です。

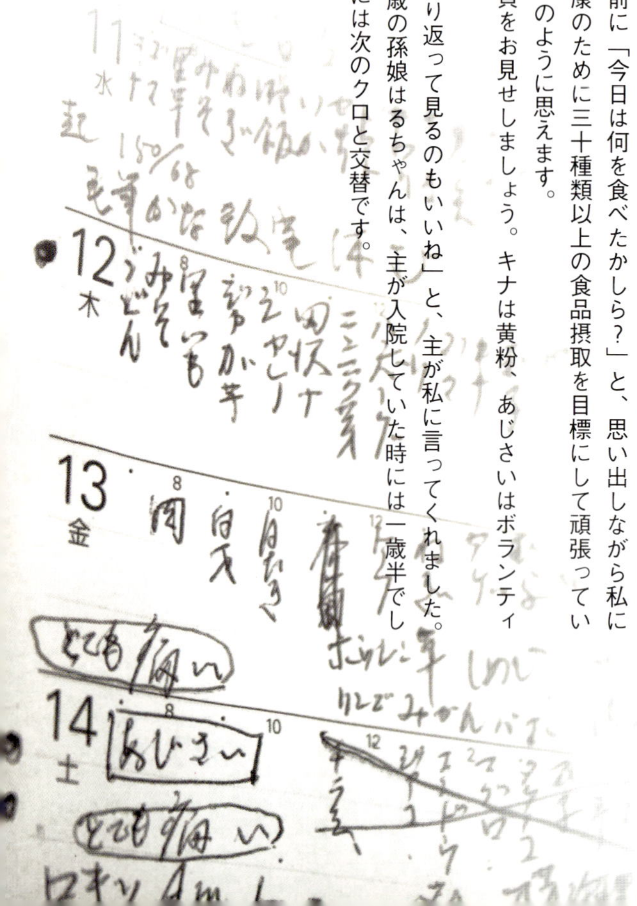

はじめまして、私は手帳のクロです。私の主《あるじ》は、三十七年間の公務員時代から手帳をクロと呼んでおりました。退職後は商店のサービス手帳ですが、やはりクロと呼んでいます。黒い服を着ているからでしょう。

在職中の主は、一月四日の御用始めには気持ちを新にして、クロに一月の行事予定を記入したそうです。代々のクロが「一年中で一番緊張した日だった」と言っておりました。主の勤務時間が過ぎると、クロは机の中で眠るのです。夢の中にいると突然起こされました。御用納めの日だったのです。

退職して十年、今年古希を迎えた主にも、いろいろなことがありました。一番大きな出来事といえば、平成十四年の暮れに胃がんの手術を受けたことです。癌を宣告された時の主の動揺した気持が、当時のクロに記録されております。術後抗がん剤療法が始まると、毎朝「副作用なし、今日も元気」と、クロに書いて自己暗示をかけておりました。手術が誘因となって免疫機構が崩壊されたのでしょうか、リウマチを発症すると、クロには、痛い！ と言います。

主のご亭主は手帳を愛読書のように、朝晩机の前で見ております。ある朝のことです。手帳を見ていたご亭主に、主が「先々月、本屋に行った日は？」と聞きました。「○日の○時」と、谺《こだま》のような早さで返事が返って来ました。主は同じ日に美容院に行ったのですが、その日を知りたかったようです。先日、机に出しっぱなしになっていた手帳を盗み見た主は、びっくりしました。予定や一行日記、新聞等で知った新鮮な言葉が、几帳面な字でぎっしりと書き込まれていたのです。

先日のことです。乱雑な字で書かれている私を、ご亭主の手帳が気の毒がってくれました。

chapter 3
過去と現在を

手帳には　人生のエッセンスや
大切に、大切にこだわっているものが
タイムカプセルみたいに
ぎっしりと詰まっているのです

それは時に　残酷なまでに
過去の痕跡をつきつけてくるかもしれません

それでも私たちは　未来へ　明るい光の中へ向かうために
過去という記録を
目の前にとどめておくのです

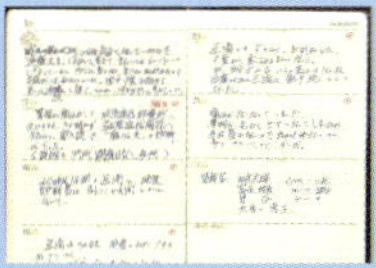

つなぐ手帳

13

レイテ島 椰子の実

長谷川正

自分の手元に、表紙が茶色の小型手帳があります。これは、レイテ島（フイリピン）PM収容所で、時々支給されるレーション（米軍野戦食）と共に、配られたものです。

ふり返ってみると、昭和18年の現役兵として、北支派遣の独立歩兵部隊（泉兵団）に入隊後に、戦況の進展により、部隊挙げての比島（ルソン島）駐屯ののち、わが第二大隊（約千名）は、決戦のレイテ島に投入された。私は激戦のなかで左大腿部に盲貫鋭創を受け、担架で負傷兵として搬送されたものの、医療や食糧の支給の無い日をおくり、歩行至難でついに捕虜となったのです。大隊中5名の生き残りです。

単調な虜囚生活のなかで、健康な者は柵外作業に従事するも、自分は米軍の野戦病院から転入したばかりで、傷跡の治療で診察所通いでした。その無聊《ぶりょう》のなぐさめに、この「手帳」に短歌を記すのを楽しんでいました。

日常の給食は、支給の食材を炊事班が工夫して、朝はパンにスープ、昼はうどんなどで、夕食は御飯にお菜でした。第一線では飲まず食わずで戦ったのに比べ、格段の差です。

そんななかで、みんなが一番望んでいたのは、活字に飢えていたことです。収容所入口内に壁新聞（手書）が掲示してあったり、ときおり『LIFE』誌が廻されたものの、英語が読めないので、ただ写真のみを眺めるだけでした。

このような環境のなかで、自分が熟慮した結果、機関誌が出せないかと。軍隊という名の集団は、どんな職業人も居るのが原点です。そこで早速、事務室でザラ半紙の提供を受け、それをテント毎に廻って、投稿希望者を探し当てて依頼しました。

待てば海路の日和あり。各自手書きの原稿が逐次手元に届けられ、早速編集にかかりました。短歌や俳句は書き直してまとめ、随筆や小説などもあり多彩です。

ところがページを操ってみると、文字ばかりで何となく活気が無いので、思い付いて絵かきを探索したのです。絵具は無いので、赤はカンナの花、緑はバナナの葉、黄色はキニーネ（マラリヤ治療薬）などをつぶして、口絵の数々を納めることが出来ました。

そして表紙はキャンパス（ベッドの布）の古いのを、とじ紐は靴紐を使って完成です。そして衆人期待の第一号は『椰子の実』と題し、手書き限定１部の記念誌は、回覧です。

やがてその反響の声が続々とあり、「ぜひ定期的に出してほしい」とか、「私も今度は投稿したい」など、編者としては勇気百倍という心境です。

またこの「手帳」に、１人１ページの割り合いで、出稿者に寄せ書きをしてもらい、思い出としました。そしてこれに執筆者の住所氏名を列記して、やがて復員した場合の文通用としました。

また所内では娯楽として、手作りの将棋や、配給のレーション（缶詰や煙草）をネタに、オイチョカブ（花札賭博）もやられましたし、相撲大会や米軍との親睦野球も行なわれましたが、何といっても一番人気は「演芸会」でした。

この「手帳」を覗くと、やはり歌謡曲がトップで、手製楽器（ギター・マラカスなど）の生伴奏。浪曲や劇（金色夜叉）もあり、その衣裳もメリケン袋を裁断して和洋服を作り、染色や白粉《おしろい》もメリケン粉が活用され、本格的でした。脚本・演出も、かつてのプロが担当してくれました。

そして公演にあたっては、隣のキャンプの従軍看護婦や女性軍属たちを招待して、出演者の熱気も最高でした。

さて『椰子の実』の発行は、月１回で３号まで出した時点で、待望の復員船の到着により、戦犯容疑で残留組の要望により、全巻を委託して帰路についたのです。

復員後はこの「手帳」の名簿によって『椰子の実』を復刊しましたし、やがて亡き戦友の慰霊巡拝団でレイテ島を訪問した時にも、わが胸のポケットの中にこの「手帳」を納めて、出発しました。

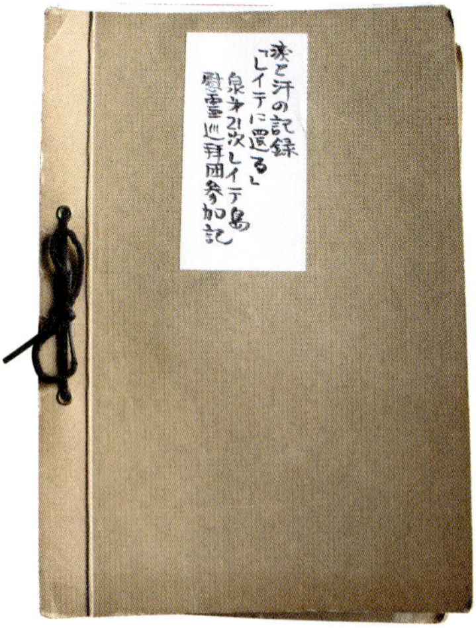

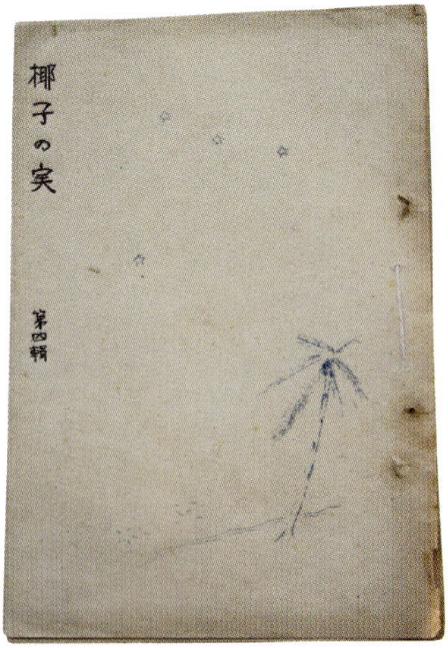

「語り部」として生きる人

この章の最初に登場する長谷川さんは、現在84歳。今や貴重な出征経験者です。

「復員後、まっ先に手がけたのは、復員者接待所の開設でした。旧・国鉄駅前にあった空き屋を借りて、湯茶の提供のほか、負傷兵をリヤカーでお送りしたりしていました」

その一方で、捕虜収容所時代に出していた文芸機関誌『椰子の実』を復刊します。かつての仲間に声をかけたところ、50名近くから投稿があったといいます。ところが、すぐに「復員者が集うことは好ましからず」と横槍が……。次号以降を断念せざるを得ませんでした。

亡き戦友を 偲ぶ心の あせねども 厚き衣を 吾れはまといて

長谷川さんの当時の心境を表す作品です。

市役所に就職し、結婚を経て子育てに追われていた昭和45年、『レイテ戦記』を執筆中の作家・大岡昇平氏から資料提供の要請が舞い込みます。50万人という大量戦死者を出したフィリピンでの戦いが、小説に名を借りて赤裸々に語られるのです。

「おおいに触発され、私も手記を発表したり、慰霊祭に参加するようになりました。レイテ島慰霊巡拝団に加わったときは、学区内の戦死者のご家庭を訪ね、『代わりにご供養してきます』とお線香を預かりました。後日、私なりに精一杯、英霊をお慰めしてきたことを報告し、記念にと亡くなられた場所で採った小石をお渡ししましたら、皆さん泣いて喜ばれました。お国から届けられた白木の箱の中身は名札など。遺骨は還っていないのです」

長谷川さんが「語り部」として八面六臂の活躍をされている様子がうかがえます。

ところで、長谷川さんは仕事場で、文化・芸術関連セクションに長くかかわっていたせいか、多芸多才の粋人です。平成17年にまとめられた自分史によれば、市民芸能大会などでの司会は452回、郷土史などの編集は90冊、ハーモニカ・マジック、カラオケなどでの舞台・テレビ出演は103回、箸袋・入場券・マッチラベルなどの収集は50種類以上、そしてライフワークに関する自費出版は6冊、もちろん前出の短歌・俳句にも造詣が深いと、数えあげればきりがありません。

「戦争」という澱《おり》を心の奥底に秘めつつも、明るく前向きに生きてきた長谷川さんの、80余年の生き様に思いが至ります。さらに、今回の作品は60余年も前の戦争中から肌身離さず持ち続けた「一冊の手帳」を基にえがかれています。「戦争は忘れてもいい過去ではないから」と。語り部らしい一言ですが、そこに凝縮された深い思いはいかばかりか……。読者である私たちの側が推しはかりたいものです。

さまざまな過去が年輪となって今がある……この章の作品すべてに言えることです。

レイテ島慰霊巡拝団の様子をまとめたアルバム（上）長谷川さん近影。軽妙洒脱な話しぶりでした（左）

14 心を支えた手帳

森真佐子

定年を機に始めた短歌と絵手紙の趣味が、2冊の手帳になって、私を支えてくれている。好きで始めた事なのであきることなく、年を重ねる毎、手帳の数も増えていく。そしてふと気がつけば、わたしの「自分史」になっていた。

私の定年を待っていてくれた高校時代の友達が、お遍路に誘ってくれた。長い病を乗り越えた身でお遍路をしている彼女だ。

そしてお遍路3回目で、今度は私が病気になった。1カ月の入院。その後の不調。そんな中での私の心に明りを灯してくれたのが短歌であり、絵手紙であった。不安も悲しみも人に言えない愚痴も、歌へ吐き出して、少しずつ浄化した。主治医の先生の転勤に動転して涙した時も、歌が涙を吸い取ってくれた。みだれた手帳の中の文字が詠っている。短歌に併行して始めた絵手紙は、心を楽しませてくれた。生きるパワーになった。

趣味を始めてたった2カ月でのガンの手術。何の前ぶれもない突然の入院だった。虫の知らせか、描きためてあった友人からの絵手紙にすべて文を乗せて、ポスト・インし、机のまわりも整理していた。病院に来てくれる主人がポケットの中に入れて持ってきてくれる絵手紙が、私を元気づけてくれた。

少しからだが自由になると、道具を持って来てもらい、ベッドの上で、食堂でと絵を描き出した。楽しいことはナチュラルキラー細胞を増やし、免疫力を高めると、後日、鎌田實先生のお話で知った。こうした天の計らいに感謝した。

こうした私を見ていた同室の先輩（年は私より若い）が、退院する時注文してくれた。「絵手紙下さいね」と。

それから彼女に絵手紙を書くことが、楽しい仕事になり、心の張りになった。院外に出られない彼女の方に、私が助けられていたのだ。

返事の来ない手紙を書き続けて8カ月。冷たい雨の中、悲しい電話をご家族から頂いた。最後の絵手紙を持って会いに行った。妹さんが北海道から看病に来られていて、絵手紙を柩の上に乗せて下さり、一度お会いして話がしたかったと喜んで下さった。「姉は最後まで耳が確かで、手紙を読んであげるととても喜んだ」と。

悲しいお別れの場が、新しい出会いの場になり、2人で手を取り合って泣いた。それから4年過ぎた。私より10歳も若いその妹さんが、今は私の大切な絵手紙友達になって下さり、励まされている。

八十八カ所のお遍路も2巡りし、趣味の2冊の手帳が、私の生きる道をつけてくれた。「生かされている今日に感謝して、大事に生きよ」と教えてくれる。

この病天の与えしものなれば　思い新たに明日を歩まむ

苦しい中、歌は祈りのように私を励ましてくれた。

平成14年6月21日（金）術後第1日

ICU生まれて初めて目が覚めて　見下す先生の顔おぼろに浮かぶ
尿道のくだをはずして始まった　トイレに通う痛さ痛さ
身動きの出来ぬ我身のふがいなさ　背も腹も痛さ競争

6月22日（土）

点滴に終日つながれ痛みとの　戦いくれて夜の長さよ
兄姉の並びし顔に救われて　元気でるでる心だけでも
長き夜のねむれぬ廊下の向こうより　イビキ聞こゆるも生きるあかしか

6月25日（火）

夜のとばりやぶりて小鳥らの声は　世界の朝になる

手帳

重き戸を小鳥のさえずりおし開く　病棟の朝静かに広がる
朝それは光希望なり　万物生かす力なり

6月26日（水）7月投稿歌
一片の氷を含む夢をみる　術後六日の口の渇きに
まさかまさかの我身にも　入院手術夢であれかし

苦しいけど、暗い入院生活ではなかった。ガンだというのに。

大部屋のありがたきかな終日を　語りてくれる人ありてなむ

重複した絵を送らないために、いつ誰にどんな絵を描いたか、メモっている。旅に出れば旅先で。道具はいつも持って行く。

平成18年7月31日（月）8月提出歌
ゆったりと北の大地に草を食む　牛たちにもみな使命ありきや
利尻富士薄雲払いて立ちたれば　島を丸ごと抱きて見えり
人生が旅なら楽し明日がある　袖すり合うも少し距離もち
機上とは地に足つかず不安なり　空にありても彌陀の掌の中
早朝の旅立ち熱年目覚めよし　車中ひたすら眠むさぼりて
納沙布が最北端かと立ち見れば　強風来りてふきとばさるる
梅雨空を破りて昇れば七月の　まばゆき青空雲海尽きず

生かされている幸せを、しみじみかみしめ感謝している私です。
これらの手帳は、心の支えになっています。

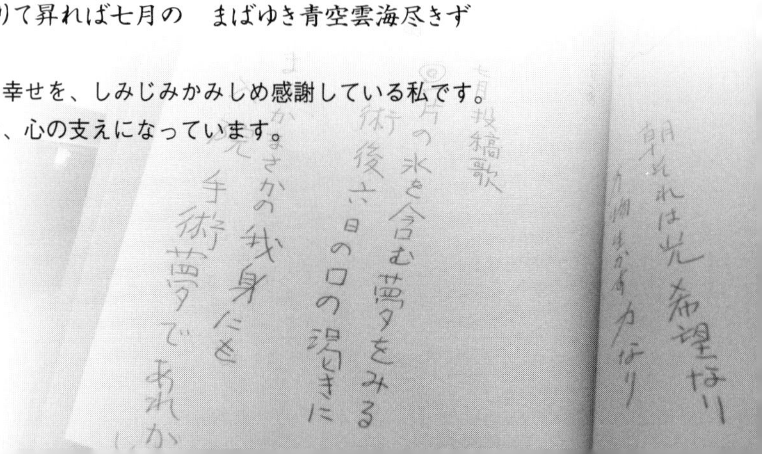

15

数奇なターニングポイント

浜崎慶嗣

「人間はタアニングポイントと言つたやうな時期に邂逅《でつくは》すことがある。それが外部から来ることもあれば、内部から来ることもある、内外両方から来ることもある。さういふ時期は人間には大切だ。其人の発展も失墜も、多くはさうした時期にある」（田山花袋『妻』）

私の最も大きなターニングポイントは、昭和41（1966）年7月だったように思う。長年アメリカに住んでいた父が胃ガンで急逝、看病のため渡米していた母が急に米国滞在保証人を失ったため、米国生まれでアメリカの国籍と市民権を持つ私を自分の保証人とするため、アメリカに呼び寄せようとした1通の手紙によって舞台の幕は上った。

手紙にはこう書かれてあった。「ツグさん、すぐ渡米しなさい。こちらは快適よ。1週間に3日、それも1日2、3時間働けば月収1000ドルは軽いわよ。仕事は簡単、金持ちの邸宅の庭の花を剪定するだけ。後はサンタモニカビーチで海水浴するかロングビーチ港で毎日魚釣り、気が向けばサンタアナ競馬場で競馬、それが飽きたらラスベガスの最近できたばかりのシーザースパレスで毎日博奕《ギャンブル》三昧。儲かるわよ。すぐいらっしゃい。飛行機代は銀行経由ですぐ送ります……」

米国籍を持つ私にとって、米国への入国滞在はフリーパス。それに当時1ドルは360円の時代。月10日余り働いて当時の金で月収36万円。この誘いを断る人がいたらお目にかかりたいほどの好条件である。

当時私は大学卒業後、某大手広告代理店で宣伝《CM》の責任者《MGR》を務めた後、同じ

©Tomo.Yun

く大手映画会社に引抜かれ、そこでテレビ映画の演出《ディレクター》に従事、丁度油の乗った時期で退職するのに若干抵抗はあったが、これも親孝行、行くだけ行ってダメだったら帰ってくればよいと会社に休職届を提出渡米した。ところがこれが私にとって人生の大きなターニングポイントとなったのである。

最初の2週間は毎日魚釣りや海水浴、それに競馬とベガスでのギャンブル。金髪の美女達に毎日囲まれ、この世にこれほど楽しい楽園《パラダイス》があったのかと思われるほどの享楽の毎日だった。

これに味をしめ米国永住を定め、会社に退職届を提出した途端、舞台は暗転した！

数奇なターニ

朝は朝星、夜は夜星、汗と泥にまみれて毎日そして終日働かされたのである。確かに日本に比べ高収入ではあったが、ペンより重い物を持ったことのない男にはこたえた。大抵の日本人は体験したことのある当地の伝統的職業、通称「ガーデナー」と呼ばれる「庭園業」である。それでも日本で農業や筋肉働労をやっていた人にはむしろ軽作業と思われたが、私には到底無理と悟った。そこで私は日本語学校教師を週日部と土曜部2校見つけ、かけ持ち教師となった。その後、日本語教師は土曜日のみとし著名な当地日系銀行に転職、長年管理職を務め上げた後、定年退職し今日に至っている。

まるでターニングポイントの「渡米」を含め、生前から今日に至る日々

ングポイント

が、1本のレールの如く真っすぐ私の前に敷かれていた観がある。それにしても、いくら自分が生まれた国とは言え、かつて「鬼畜米英！」と言って戦った国で禄を食むことになろうとは……！

　私は、私のターニングポイントが田山花袋の言う「発展」だったのか「失墮」だったのかは敢えて問わない。はっきりしているのは、これが私の運命だったという事実だけである。

「人生は、一幕ものの回り舞台」

　私は日々、わが身の数奇な運命の皮肉を噛みしめずにはいられない。

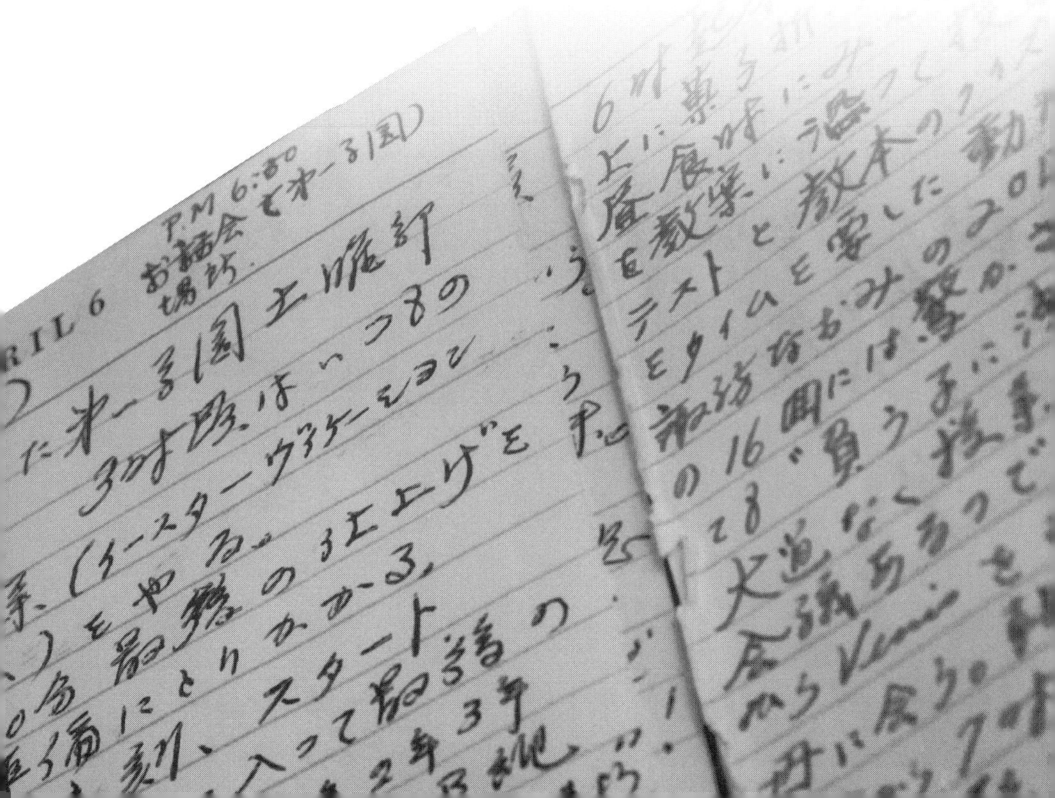

16 心の引出しを開ける

久保田照子

手書きの花々で彩った黒革の手帳

手帳は語る、ユニークなテーマに出合ったので、私は古い本箱の引き出しを探してみた。

手帳は私の人生の引き出しである。過去を見つめる心がそこにある。手帳は1994年からあった。それは70歳から初めたシャンソンのレッスン日、発表会の予定の記録だった。

更に人生最大の思い出は、1994年10月8日に大阪フェスティバルホールでのジャズダンス発表会。

70歳にして青春をとり戻していた自分を見る。歌の発表会、ダンスの発表会と1994年の手帳は華やいでいた。

幼児の頃、父の急死で、6人兄姉の末っ子のわたしが、九州から大阪の親類に預けられたが、その養父も僅か10年の親子関係を結んだだけで死別した。養母はやはり生きる為に再婚したが、もの心つく年頃になった私はその3人目の義父に馴じむことはできず、嫌悪感さえ抱いた。

戦争、そして昭和20年3月14日未明の大阪大空襲、私の青春は容赦なく奪われていくのだった。少女時代の生活苦、人間関係の背信、義父との葛藤はまるで運命にもてあそばれているようだった。

戦争は終っても、私の心理的な苦しみは、家出という決断をする迄続いた。東京、山陰地方と、身を隠す私の旅は10年続いたが、義父の死を知り、やっと私は自由に大阪で過ごせるようになった。

手帳にスケジュールを記すようになったのは、定年後、安定した暮らしの中で、少女の頃憧れた宝塚の舞台の夢に、近づけたらと思ったからである。それがダンス、シャンソンへの挑戦である。60歳から始めたジャズダンス、70歳から始めた歌、どれもが歓喜となって心地よい喜びに満たされた。

手帳には友との永遠の別れが記された日が、1年毎に増えてくる。特に今年の3月21日、早朝に入った電話は、その前々日に会話を交わした友の突然の訃報である。手帳に記されたその現実は、今もまだ信じられぬ事実である。

「手帳は語る。」今迄にないテーマである。手帳には生きてきた証《あかし》がある。悲しみあり、喜びあり、その内容はひとりひとり違ったドラマを創りあげているのだろう。

自然の中に生きる人間は孤独ではあるが、手帳の中の文字を辿ってゆくと、歌の友、ダンスの友等、その出会いの深さを物語り、去る人、くる人も、アルバムの写真のように心に浮ぶのである。

むかし手帳は持たなかった。手帳に記すほどのスケジュールは何もない。ただ、精神的な苦しみを書くことで癒されると思い、小さな日記帳に書いていたが、隠していたのに義父に見つかり、読まれたことが分った時、体から血が吹き出すほどの怒りを覚えた。

それ以来、日記は書かなかった。一字の言葉も残さず、怒り、悲しみ苦しみは胸の奥底におさめていた。

わたしが手帳を持つようになったのは、定年後、趣味を持てるようになってからである。手帳の月日は空白が見えなくなるまで埋ってきた。

満たされ得なかった青春の代償が今ここにきてある。老いてからの青春が年毎に華やぐ。これからの人生、黒革の手帳と共に生き続けていきたい。

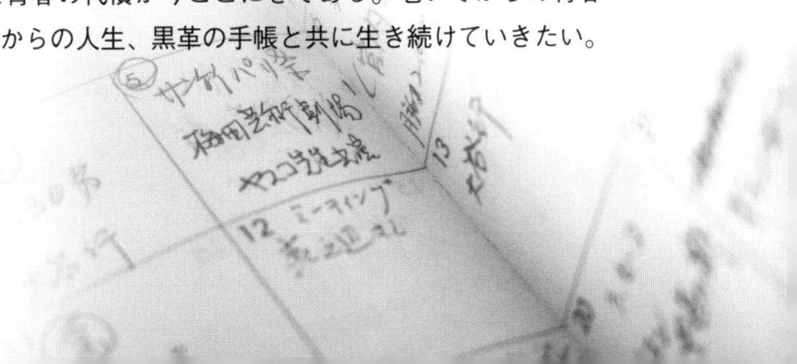

17

備忘録からわかること

加藤伸次

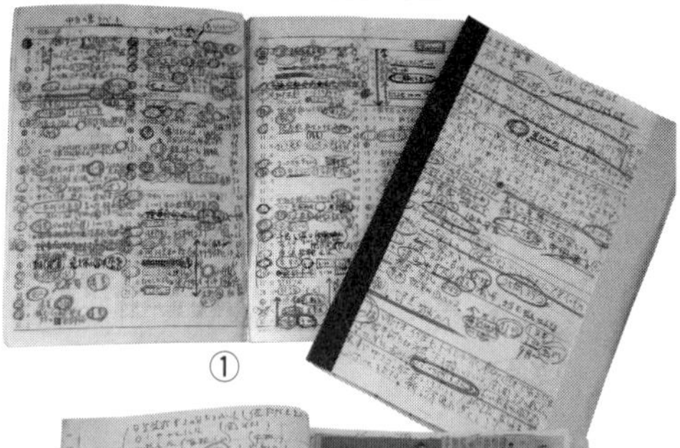

①

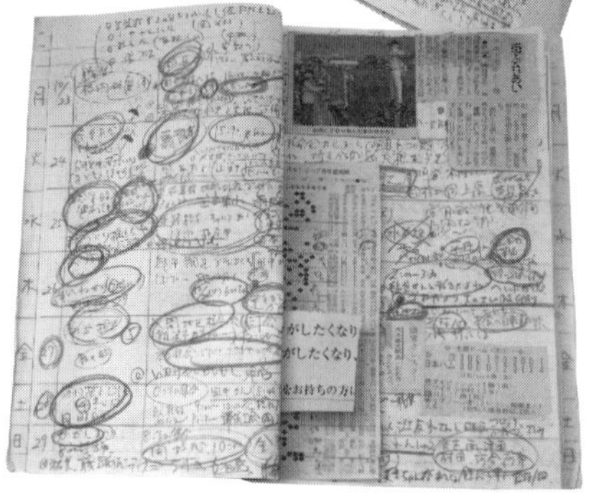

②

月ぐらいギプスをした。手術はしないで、固定で治した。勤務場所が近かったので、農業をしている兄に送り迎えをしてもらった。

また十年後、今度は、右足のアキレス腱を切ってしまった。監督になり、張り切った三月、練習を始めたときであった。丁度、半年ぐらい前から健康マラソンを友達の勧めで始め、足に疲れがたまっていたからであろう。また、午前中、小雨のなかグラウンド整備があり、足が冷えきっていたからであろう。そう言えば準備運動もしなかったような気がする。バットで運動靴をたたいたような音がした。そしてまた、兄の世話になってしまった。

幸い私は運が良く、教頭試験、校長試験の二度の管理職試験に合格し、現在、校長として勤務している。新聞紙上で、いじめの問題など、大きく取り上げられている。心身を鍛え、まず、自分自身に活気があることが必要である。そして、元気な子を育てたい。

現在、私は五十五歳。職業は教員であるが、元気に生き生きと毎日を送っている。
資料①は、結婚する前の四ケ月のメモである。学校の行事から、「結納、結婚式」と、思い出させるものである。
資料②は、現在使用している備忘録である。仕事の予定から日々のメモまで、雑な字ではあるが、大切な資料である。職務から私事まで、一緒に記入しないと、落ちが出てきてしまうのである。それに、新聞記事の切り抜きを貼りつけている。
日本シリーズの各年度の成績も貼った。小学校の五年の時、宮本選手が活躍し巨人が優勝した。学校から急いで帰って、テレビを見たのを思い出した。
ほかにも、五年位前から始めた、健康マラソンへ参加した記録もある。これもいい励みであり、これから十年は続けたい。
こんなことをしながら気分を発散しているわけであるが、私の中学の頃の夢は、陸上の長距離の国体選手になることであった。市内の大会で五位に入賞するのがせいぜいだったが、地域の進学校に進み、勉強するので、陸上は諦めた。文化部に入り、成績を良くしようと思ったが、そんなにうまくはいかなかった。
教育学部のある大学に合格し、今度は、硬式庭球部に入った。もともと身体がかたく、器用さに欠けるため、強くはならなかった。
そして、教員採用試験に合格し、小学校の教師となった。野球が好きで、教員の野球のチームに入り、試合したこともあった。また市民駅伝やロードレースに出場したりした。
三十歳ぐらいになり、地域のソフトボールのチームに入った。投手をやらされたが、なかなか上手くはいかなかった。ウインドミルで練習したが、ものにはならなかった。
三十代後半、左足の足首を骨折した。三塁に滑り込んだ時、すごい音がした。それで三ケ

18

「堪能」した

松波榮一

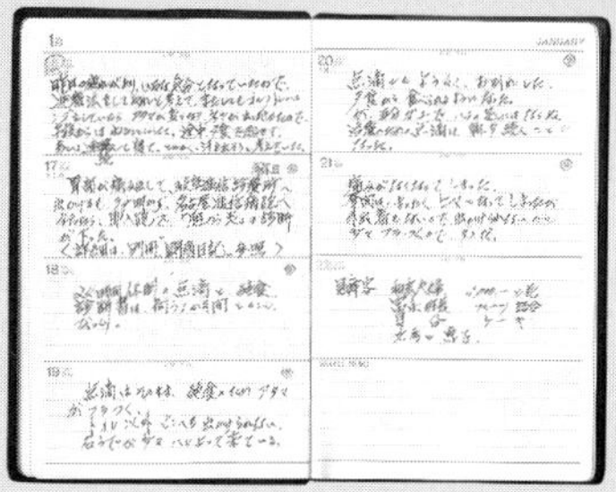

元号が昭和から平成に変わって10日ばかり経った、平成元年1月17日の私の手帳を見ると、次のように書かれている。

『胃部が痛み出して、岐阜逓信診療所へ出掛けるも、ラチ明かず、名古屋逓信病院へ行ったら、即入院で「胆のう炎」の診断が下った』

昭和64年1月7日の午前6時33分、昭和天皇が崩御され、次の日には、小渕内閣官房長官が、テレビで新元号を発表するという、何だか慌しい気分であった。

天皇崩御のあと、当分の間、テレビ番組はまるで面白くなく、バラエティーものや公営ギャンブルの中継もない状態が続いた。おまけに、新元号が私の予想を遙かに外れたものであった。

この2つの事柄を苦々しく思っていた私は、同僚や先輩諸氏の前で、面白くないなどとほざいたために、10日後に天罰が下ったのだ。

あの日、私はいつものように出勤し、朝礼では司会と3分間スピーチの当番であった。

スピーチの途中で、急に右脇腹が痛み出したが、何でもないだろうと思ってスピーチを続けていたら、ますますひどくなってきて、ついには立っていられなくなり、しゃがんでしまった。

同僚や先輩諸氏は、何をしているんだというような顔で冷ややかに見ていただけである。

普段の私は、冗談ばかり言って、人を煙に巻いていたから、その時もまたいつものパフォーマンスではないかと思われたのかもしれない。そのうちに脂汗が出てきて、多分、顔も青ざめていたのだろう、ようやくにして見かねた私の班長が、「何処が痛むのか、早く診療所へ行って来い」と言ってくれたので、そそくさと事務室を出て、診療所へ向かった。

そのとき何を思ったのか、タクシーを使わずに、岐阜市内のチンチン電車に乗って出掛けたので、随分と時間がかかってしまった。

ちっぽけな郵政省の診療所ではろくな設備もなく、検査も十分に出来なくて、結局はまたもと来た道を戻り、痛い腹を抱えつつも、名古屋市内の逓信病院へ行ったのである。

問診を終えた医師が、「即入院」を告げたので、面食らってしまった。

「胆のう炎」の疑いがあり、精密検査をして症状をはっきりさせるとのことであった。

その夜から、胆のう機能を停止させるために絶食となった。栄養補給の点滴をやることになり、24時間というもの点滴用の管を静脈に繋いで過ごすことになってしまった。

3日後に検査結果が出て、「胆石」だから、取り除くためには、手術の必要があるという。

直ぐにもやって欲しかったが、そうは問屋はおろさなくて、色んな検査を更にやることになり、診断書は「1ケ月の入院加療を要する」というものだったので、またまたびっくりした。

私は、新進の郵政監察官となって1年半であり、自分で言うのは憚るが、脂の乗った活きの良さでバリバリと仕事をしていた。

そんな時に、1ケ月間という期間を病院で過ごすということは耐えられないものと考えていたので、随分困り果てていた。しかし、見舞いに来た先輩たちに諭されて、しっかりと治してからまた頑張ろうと思い直したのであった。

その後色んな検査がだらだらと続いて、手術したのは2月になってからであった。

手術後の痛みは無論のこと、同室の人達がわざと面白い話をするので、つい笑ってしまうと、腹の筋肉が動いて痛むので、それにも参った。

入院期間のトータルはなんと2ケ月以上であったが、長い人生の途中で、神様が与えてくれた休暇だったのではないかと達観したのと、生まれて初めての胆のう手術で、入院生活を堪能出来た、と笑い飛ばした。

あぶりだされた古傷

熊谷 雅

伝えてあり、今ごろは高速道路の車の中であろう、だれとも相談できない。

このまま死なせては、「処置が十分でなかった」と責められやしないか、あるいは「死に目に会えなかった」と恨まれやしないか、などといった心配が目まぐるしくよぎる。迷った末に人工呼吸器の着用を頼んだ。しかし、この決断が後でわたしを苦しめることになった。患者のためというより、自分の保身に走ったのではなかったかと。

昼過ぎには妻の親兄弟七人すべてがそろった。いずれも葬儀覚悟で来ていたが、着替えは、それほど用意していない。

ところが、人工呼吸器を着けたばっかりに、容易には死んでくれなくなった。かといって、これを取り外すのは一層難しい。それゆえ帰るに帰れず、病院での寝泊まりを余儀なくさせてしまった。そのうち「病院のもうけ主義でムダに引き延ばしている」などと、もっともらしいことを口にする者さえ現れて、全身から冷や汗が噴き出してきた。

妻がガンの末期の状況にあり、余命幾ばくもないことは皆承知で、とうにあきらめていたのだ。だから、彼らの意向を確かめずに人工呼吸器の着用を頼んだのはうかつであった。相談できなかったからと言い訳できても、わたし自身得心できない。

科学技術の進歩により人為的に生命を延ばせられる時代になった。しかし、終末医療をどうすべきか、あるいはどうして欲しいのか、一人ひとり考えが皆違う。患者の意向が明らかでないとき、悩むのは主治医と近親者である。

このたび、メモして以来一度も手にしたことのなかった手帳を読み返すうちに、人工呼吸器にあらがって、苦しげにゆがめた妻の顔がまぶたに浮かんできた。あぶり出された古傷に、今さらのように心がうずいてならない。

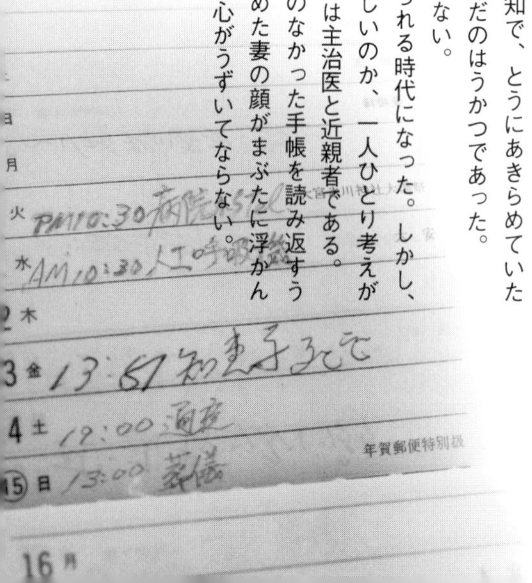

13：51 知恵子死亡

「知恵子死亡」。これはポケットサイズの手帳にある一九九六年十二月十三日の欄のメモで、「知恵子」というのは亡妻の名である。わが六十数年の人生の中でも、妻の死ほど大きな出来事はなかった。

葬儀はわが家で、ここ愛知県春日井市高蔵寺ニュータウンで唯一の寺、真宗大谷派光照寺の住職に頼んで行った。また、墓の用意がなかったので、骨もそこの納骨堂に預けた。

それから十年たった今年六月、ようやく妻の在所の真福寺霊園に墓碑を建てて埋骨した。でも、最期の処置が彼女にとって最善であったのか？　今なお疑問符が取れずにいる。

当時、わたしは名古屋市にある建設省（現国土交通省）の事務所に勤めていて、スケジュール用のポケットサイズのほか、会議用に大学ノートサイズの手帳を持っていた。この二冊を頼りに妻の死亡前後の状況を振り返ると、およそ次のとおりである。

まず、ポケットサイズには、十二月の三日の欄に「個室２０６入居」、十日の欄に「ＰＭ10：30 病院からTEL」、さらに十一日の欄に「ＡＭ10：30 人工呼吸器」とある。病室が大部屋から２０６号の個室へ移った一週間後、危篤の知らせを受けて病院へ駆けつけている。

一方、大学ノートサイズには、十四日の欄に「19：00通夜」、十五日の欄に「13：00葬儀」とある。そして十一日から十三日までカッコでくくって「年休」、同様にして十六日から二十日までには「特休」とある。十四、十五日の土日を挟んで有給の年次休暇と特別休暇を取って、十日間も連続して休んでいる。

さて、十一日の朝のことだが、「このままではもちません。人工呼吸器を着ければ最長三日間くらいもたせられますが、どうしましょうか？」と主治医から問われてとまどった。

妻の在所は長野県で、兄弟は東京など皆遠く離れている。危篤であることは昨夜のうちに

chapter 4
家族、人とを

手帳に刻まれているのは
単なる「予定」ではなく　家族の思い出

命が生まれ　輝くような日々を送り
そっと去ってゆくのを見送る

やって来ては　還ってゆく
時間の中に生きているからこそ

なにげない日常の中にこそ
本当に大切なものが詰まっていることを
手帳は　教えてくれるのです

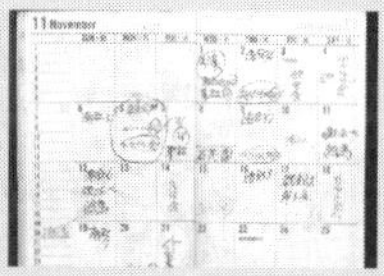

つなぐ手帳

20

母になる日

小林和子

宝石箱に入りきれない、たいせつなものがあります。それは、子どもたちの「母子手帳」。
亜矢子　昭和46年12月2日交付《名古屋市》
淳一　昭和50年12月24日交付《春日井市》

〈昭和46年〉

11月22日

・5ヶ月目に入る。初めて胎児の心音を聴く。感激！
　お腹の赤ちゃんは順調とのこと。

12月2日

・妊娠届けを終え母子手帳をもらう。明日は腹帯の祝い。
・この日は母の60回目の誕生日「『還暦』おめでとう！」
・わたしたちの結婚記念日（4周年）
・今日は最高！　おめでたいことが3つ重なる。

昭和区の保健所にて待望の母子手帳を貰います。この日をどんなに心待ちにしていたことでしょう。

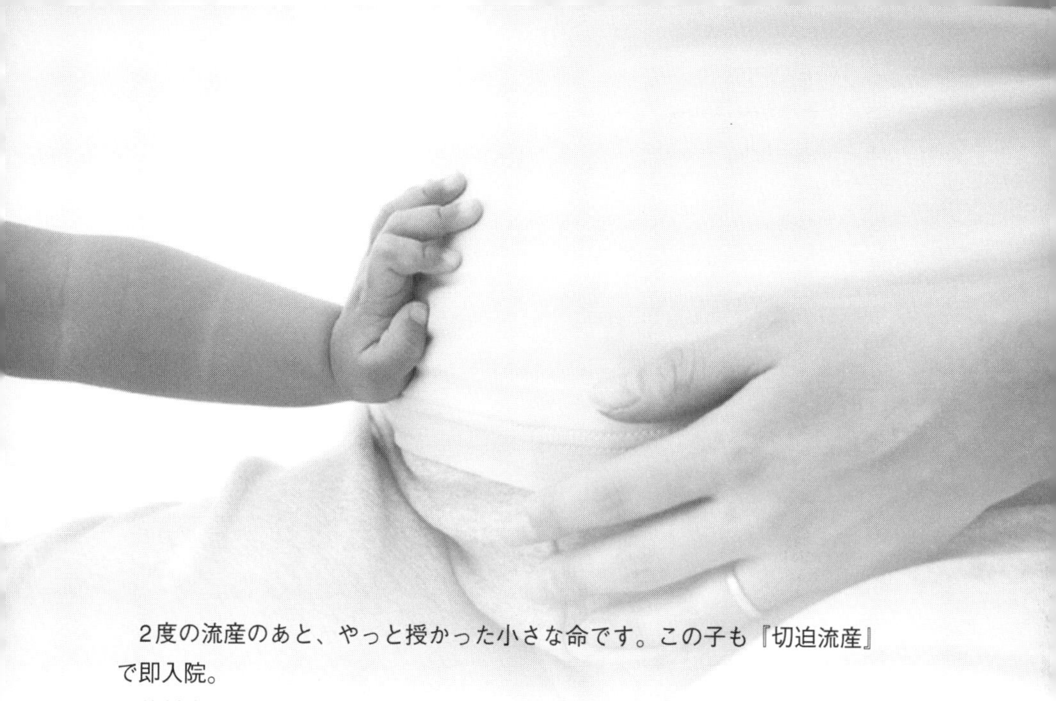

2度の流産のあと、やっと授かった小さな命です。この子も『切迫流産』で即入院。

絶対安静の日々が続きました。

入院中は新生児室から聞こえてくる赤ちゃんの元気な泣き声に胸が締め付けられ、病室でひとり泣きました。

「どうか健やかに育ち、無事に生まれてきてください」

ベッドの中で祈る毎日です。その願いが天に届きました。

やっと手にした『宝物』。

この小さな1冊のノートが今、わたしの手の中にあります。今度こそ元気な赤ちゃんをこの腕にしっかりと、抱き締めたい！

七尾の母が、「山王神社で安産祈願をしてもらった」と、腹帯とお守りを贈ってくれました。母にとっては、還暦を過ぎた遅い初孫になります。

「おばあちゃん」……なんて優しい響きでしょう。

「おかあさん」……なんて素敵な言葉なんでしょう。もうすぐわたしもおかあさん。

12月3日

・戌の日「腹帯の祝い」無事終了！
・「鷲見《すみ》産婦人科」にて腹帯を巻いてもらう。

母になる実感が沸いてきます。この喜びを真っ先に主人に伝えます。
「やっとここまでこれたね。もう少しだ。身体を大事にして頑張ってくれよ。お腹の赤ちゃんも頑張れよ」

12月19日

・初めて胎動を感じる。

「ママ！　元気に育ってるから心配しなくていいよ」
呼びかけるように、静かに、静かにお腹を蹴ってきます。

〈昭和47年〉
5月6日

・朝から陣痛が始まる。
・名古屋市熱田区「鷲見《すみ》産婦人科へ」。
・午後9時38分。元気な女の子誕生。
　オギャァー　オギャァー
　「おめでとう」と「ありがとう」
・父・正明―28歳

母になる日

・母・和子──27歳

〈小林ベビー〉

体重　3392グラム

身長　48.8センチ

胸囲　33センチ

頭囲　34センチ

名前は「亜矢子」です。

この日から「スポック博士の育児書」を片手に新米ママの奮闘が始まります。「ミルクを飲まない」「眠らない」「夜泣き」そんな毎日に、わたしも赤ん坊と一緒に「わーん」「わーん」泣くばかりでした。

4年後。長男・淳一が誕生。

2人の子どもたちに囲まれ、てんてこ舞いの毎日ですがいちばん幸せな「とき」でした。

親の心配をよそに自分ひとりで大きくなったような顔をして……。

そんな生意気な時期もありました。

気がついたら、二人ともわたしたちが『親』になった齢を越えています。

〈平成15年〉

12月13日

・亜矢子『結婚』

娘（亜矢子）が、だれよりも「いちばん輝いた日」です。

眩しいくらい綺麗でした。

小林さんを訪ねて

「わたし、今最高に輝いている！」

愛知県春日井市高蔵寺ニュータウンのほぼ中央部、瀟洒なたたずまいの住宅街に建つ小林和子さんのご自宅をお訪ねしました。

「手帳は語る。」の入選作「母になる日を……」のいわば“主役”は長女の亜矢子さん、長男の淳一さんの母子健康手帳と育児日記です。

「第1子と第2子を2度も流産しまして、やっと授かった長女の命。心音を初めて聴いた時から育児日記を書きはじめました。でも、長女の場合も切迫流産で即入院して絶対安静の日々が続いたあとにやっと授かったものですから、本当に嬉しい“宝”の命でした」

2人のお子さんの育児日記を拝見すると、10冊の大学ノートにママの奮闘ぶりがびっしりと書き込まれています。栄養士になるための短大を卒業されたという和子さんだけに、ミルクのこと、離乳食のことなど、それはそれは丁寧で詳細な育児日記の内容です。

今回の入選作は、長女の亜矢子さんの結婚式の日、万感をこめた母としての言葉で終わっています。お子さんのその後についてお尋ねしてみました。

「孫の誕生はもう少し先のようです。長男の淳一はまだ独身で、この家から職場に通っています。孫が誕生したら、2人分の育児日記をそれぞれプレゼントしようかな、なんて考えているんですよ」

お子さんたちがそれぞれ一人前に生活し、ご主人は定年後も第二の職場で元気に働いていらっしゃるという小林家。和子さんは2年前、60歳を直前にして自分史を勉強しようと思い立ち、愛知県春日井市の「自分史講座」を経て、今は「自分史サークル」の一員として定期的に自分史を発表しつづけていらっしゃいます。

「自分史にめぐりあって、本当に良かったと思います。いつまでも前向きに生きる力を与えてくれるのが自分史だと思っています」

少女のようにいきいきと瞳を輝かせて自分史への思いを語ってくださる和子さん。

「月に2作ばかり短いものを書いてサークルの皆さんに読んでもらってるんですけど、皆さんの批評などもとても参考になります。自分の好きなことをやった結果が評価されるなんて『確かに生きてる』って実感が湧くんです。自分史のおかげで、わたし、これまでの人生の中で最高に輝いているって思います」

出産前から丁寧につけていた育児日記（上）大学ノート10冊分の育児の記録（下）輝く笑顔の小林さん（右）

21 リストラ中年父さんの宝探し

笑うオヤジ

45歳。会社辞めました。どうしよう？ 全然カッコ良くないっつうの！
「はっきり言ってカッコ悪い！」本当の話です。
今、人生の途中で立ち止まり、再就職は難しいし、商売する資金も技術もない。
遊んでいては時間は空費されるし、何か動けばお金がかかる。
まして家族を抱えていたら必ず日銭は必要になる。
でも今まで時代の波に乗って来れたし、これから先も何とか生きていけるだろう。
自分のやりたい事にたっぷり時間を使える人生。
そんな「棚からボタ餅」の様な話しってないのかなぁ？
自分に今、何ができるのか自問自答しながらこれからの人生を、いかに素敵なものにできるのか。
何一つ確信がないのに、心の中からこみ上げてくる変な自信
いったい何なんだろう？　勝負せんかい。変な声がハッパをかけてくる。
「お前ならやれる。いい顔をしている、成功できる顔だ！
失敗しても命まで取られるわけではないから、やれ」

子供は「お父さん転職ナビだね！」って簡単にいってくれる。
(親が思っているほどショックがなくて安心するのだが…)
答えは意外と身近なところにヒントが見つかったりして？
好きなことには熱中するが嫌いなことはやりたくない性格は子供以上かも…？（たちが悪い）

2006 年 10 月

MONTHLY SCHEDULE

日	曜	
1	日	会社退職（明日からどうしよう？）
2	月	「ういろう」持って会社へ離職書類もらいに行く　（人生に回り道なんて絶対にないはず）
3	火	職安「失業保険」手続き（12月までは待機、仕事を探す事はOK）
4	水	午前中、写真展　夜、子供達に仕事辞めた事を話する（お父さん、転職なんだねって言われる）
5	木	朝、お弁当持って家を出る（イヤな顔をせず送り出してくれる妻に感謝）
6	金	気分転換、妻とランチ（時間もお金と同じ位、大切な事を頭に置く）
7	土	午前中洗車。（来週からは仕事する、いつまでも家族に心配かけない）
8	日	フリマーで趣味のおもちゃを買う（余分な物にお金を使わず、必要な物を買わなければ）
9	月	図書館（読んだ本の中に小さな成功体験を、積み重ねて行く事が大切って書いてある）
10	火	今、探している仕事は将来の為になるのか？生活する為に決めようとしているのか？
11	水	辞めた会社の子から19日（木）送別会やってくれるとメールが入る（とても嬉しい）
12	木	職安へ行き仕事検索（一社、紹介状）家に帰って履歴書を書く
13	金	初面接（ひさしぶりにスーツを着る）筆記試験全然出来ず？（もう少し視野を広げる）
14	土	大須へおいらん道中観に行く（早く仕事見つけて妻を安心させる）
15	日	妻のフリーコンサート出店お手伝い（気分転換に調度良い）
16	月	実家修理、建築屋さん来る。（営業が出来ればすごい可能性があると言われた）
17	火	午前中面接　パソコンが出来る事が絶対条件（今、時間があるうちに練習する）
18	水	午前中　妻の買い物運転手（前向きでいれば必ずチャンスある、疲れたら一休みする勇気も必要）
19	木	送別会（みんなにまた何か毎日、楽しい事やってる人でしょうって言われた）
20	金	昨日のお礼メール（健康で好きな事楽しめる人生が一番幸せ、その為にはお金は必要）
21	土	家族で公園お昼（良く考えたら辞めてから家族で出かけのはじめてだ）
22	日	本整理（もう一度読みたい本、読み終えた本分ける）
23	月	パソコンタイピスト練習（ソフト入れたらできた、一歩進歩）
24	火	面接、筆記試験で今日の日ずけケイタイで確認したら音が鳴る（ドジ）
25	水	今まで失敗したのではなく小さな成功を積み重ねただけ、この時間を大切に使う
26	木	お世話になってしばらく会っていない人に手紙を書く。お昼、妻を誘って植物園でお弁当
27	金	営業で食べていくなら自分を売り込めなくては絶対にダメだな
28	土	朝6:00に起きて散歩（今日から毎日続けよう）
29	日	叔父より仕事辞めた事心配してTEL入る（近所にもバレていそう）
30	月	息抜きはしても手抜きはしない（3日目早朝散歩達成）
31	火	はじめての職安認定（あっという間に一ヶ月過ぎてしまった、はやい）

Lucky スケジュールリーフ46

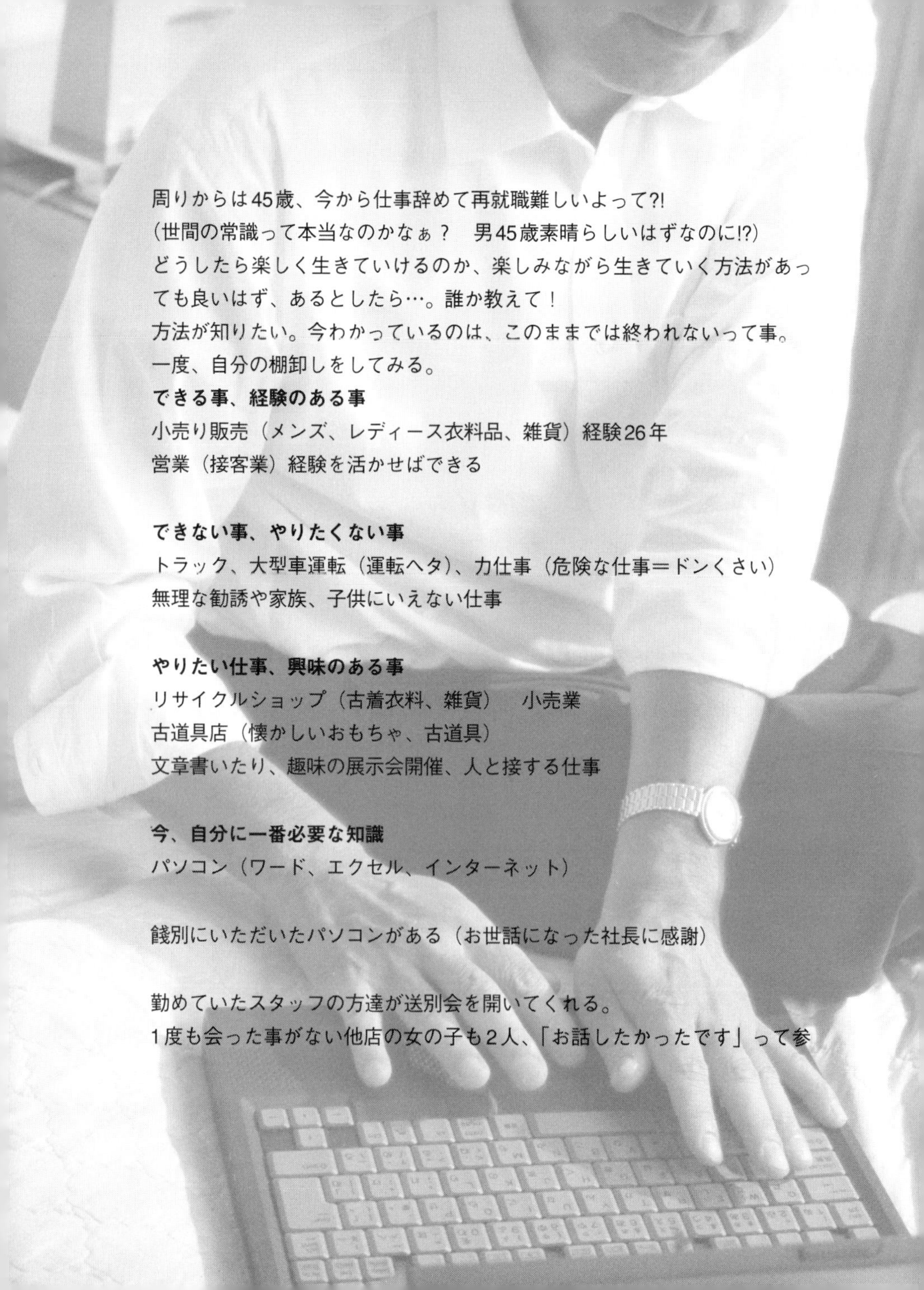

周りからは45歳、今から仕事辞めて再就職難しいよって?!
(世間の常識って本当なのかなぁ？　男45歳素晴らしいはずなのに!?)
どうしたら楽しく生きていけるのか、楽しみながら生きていく方法があっても良いはず、あるとしたら…。誰か教えて！
方法が知りたい。今わかっているのは、このままでは終われないって事。
一度、自分の棚卸しをしてみる。

できる事、経験のある事

小売り販売（メンズ、レディース衣料品、雑貨）経験26年
営業（接客業）経験を活かせばできる

できない事、やりたくない事

トラック、大型車運転（運転ヘタ)、力仕事（危険な仕事＝ドンくさい)
無理な勧誘や家族、子供にいえない仕事

やりたい仕事、興味のある事

リサイクルショップ（古着衣料、雑貨)　　小売業
古道具店（懐かしいおもちゃ、古道具)
文章書いたり、趣味の展示会開催、人と接する仕事

今、自分に一番必要な知識

パソコン（ワード、エクセル、インターネット)

餞別にいただいたパソコンがある（お世話になった社長に感謝)

勤めていたスタッフの方達が送別会を開いてくれる。
1度も会った事がない他店の女の子も2人、「お話したかったです」って参

加してくれる。久し振りに会うとみんな、どんどん素敵になっている。
全員から「また何か楽しい事を見つけてやっているんでしょう」と聞かれるが、今のところ進展なし。
20歳前半の女性7人で開催してもらい、知らない人が端から見たら中年オヤジ1人にギャルで異様な光景かも？
今日はみんなと会えて良かった。1日たくさんの元気をもらった。
イヤな顔をせず送り出してくれた妻とスタッフのみんなに感謝
幸せをかみしめながら明日から自分も行動を起こそう。

パソコンを取り出し説明書を読みながら、タイピングソフトを入れてみたら何とか打てる。
これならメモ帳を開いて日記くらいはつけられそう？
さっそく日記をつけて見る。どうせなら楽しく、「リストラ中年父さんの宝探し」って題名を付けよう。すごい進歩！

世間では「ミノ虫夫」が流行っているらしい？
朝、目にした記事に、
退職を迎え「1ヶ月休む」と言っていた夫、1日中何もせずブラブラ過ごし、3食決まった時に「めし！」と言ってジーッと座っている生活が2年続いた。
ドキィ～？
（愛想つかされ離婚、洒落にならないって言うの！）
「濡れ落ち葉」とも言うらしい？
早朝6時前、暗い中起きて「ミノ虫夫」にならぬ様、散歩に出かける。鳥目の私には足を踏み外しそうになり、けっこう辛い。
家族の重みを背負って家を出る。
さしずめ「やどかり夫」ってとこ、だろうか。

散歩していると季節柄、落ち葉がいっぱい落ちている。
“少し笑える”みょうな愛着が沸いてくる。
落ち葉を踏みしめながら「プロジェクトX」の主題歌、中島みゆき「地上の星」を口ずさむ。
朝日が登りはじめると元気が出てくる。行き交うスーツ姿の人を見ると「今日もお仕事、がんばって」心の中で応援している自分がいる（お前こそがんばれよ！　あんたには言われたくない、そんな声がどこからともなく聞えてくる）。
冗談はおいて、何か違う空気が流れている気配を感じる。
もしかしたら、あの人は何をやっているんだろうっていう視線かも。

ご近所の方達には、もうすでに仕事を辞めたことがウワサになっている。
（はやくなぃ～？）
ご主人「なにか商売をはじめられるの」って妻が聞かれる。
妻にあんた「何かお店をはじめるの？」って言われてビックリ!!
自分が行動を起こすよりも先にウワサが一人歩きしている。
本人よりも先に構想ができているのが何ともすごい。
周りの方から見える視線って違うんだ。でも“貧乏して大変そうに思われてなくて良かったね”って妻と、うなずく。
早く何とかしなければいけない現実は変わらない。
そこで思いついたのが「プータロー脱出大作戦」
今だからやれる事をできるだけ試していく。
前向きの言葉をたくさん声に出して使うと良いことが起こると本に書いてある。さっそく試してみよう。

散歩の時に「ピンチはチャンス」「今日も日々、成長している」

声に出して1000回言うことにする。
(暗い中ならあまり人と会わないから大丈夫)
リズムをつけるとペースが良く言葉に出しやすい。

ハローワークに出かけ仕事の事を相談すると「パソコンの技術レベルアップが必要かも知れない」という話になり、たまたま2次募集がまだ間に合う職業訓練校「オフィスワーク科」3ヶ月コースを紹介してもらえる。教材費だけで仕事に必要なパソコン技術や営業力もマスターできる。これって、もしかして「ピンチはチャンス？」

次の日、子供を剣道昇級審査に乗せて行く。
待っている時間に「手帳は語る。」のチラシを見つける。締め切り11月30日まで10日以上ある。
今、日記を書いている事が掲載されたら楽しいかも。

一生の中で働きざかりの今、自分探しの旅ができる事を幸せに思う。車でラジオを聴いていると、心の病（うつ病）で家族や友人が職場にいけなくなったらが話題になっている。番組の中で、
・一人じゃないんだよって事、大切な人のために共に歩んでいくこと。
・本当のアドバイスをしてくれる人が周りにいたら、どんな事でも乗り越えられるということ。
ある意味、リストラも同じかも知れない。リストラや予備軍の人が病気になる。その前に気づいてやれる事もきっとあるはず。
自分の小さな経験や体験でも誰かのお役に立てたらとフッと思う。

22

「気強く、やさしく」35冊

野田正代

「気強く、やさしく」

結婚式のとき、姑が色紙に書いてくれたメッセージは、次男の嫁となるわたしへの切なる願望だった……。

明治生まれの気丈な姑は、長男である義兄夫婦がいながら晩年1人で暮らしていた。

娘である義姉ふたりと夫が見守る中、姑は「話したいことはみんなしゃべった」と言い遺して最期を遂げた。付き添いノートの最後の頁に、そのことが記録されている。

姑の死をわが身に置き換えてみた。老いた独り身がどれほど寂しく、つらかったことか。しみじみと伝わってきた。そして色紙の「やさしく」に思いが至った。後になって、お世話する「やさしさ」が足りなかったことに気付くとは……。姑がそんなことを少しも口にしなかっただけに、わたしはよけい堪えた。

同時に、記録しておくこと、記録から学ぶことの大切さも知った。後悔をバネにして「恥を掻こう（書こう）」「書き続けよう」という意欲も沸いてきた。

結婚して5年目、昭和53年のことだった。

昭和48年の新春、わたしは専業主婦となった。それを機に、家計簿の余白に日記らしきものをつけ始めた。

備忘録は20年近くに及び、ちょうど子育ての時期に重なる。なにごとにも若さでチャレンジできた、有意義な年代だった。

平成4年。

パートで働き始めた。そのとき、手帳に切り替えた。書き始めは「夫・47歳。娘・16歳。息子・9歳。わたし・42歳」。パラパラとめくると「お正月。義姉夫婦からのお誘いで家族四人といっしょに下呂温泉に1泊旅行。おせち料理やマンゴスチンを初めて味わう。義姉と夫の深い絆を感じた」とか、「2月5日から4日間、職場からグアムへ慰安旅行」「会社から、時間延長して正社員にと言われたが、子どもを思うと踏み切れない」とある。翌年には「不景気傾向で、パートゆえ解雇された。時の流れには逆らえず、悔しかった」と記している。あのときの傷ついた感情が、ふたたび沸いてきた。

2年後。

書きやすそうな手帳を書店で見つけた。このころには新聞などを読んで感銘を受けた言葉、うまい表現などを目ざとくメモするようになっていた。いろいろなことをいっぱい書くのに便利な手帳だった。便利ついでに用紙を付け足し、「夫」「息子」「わたし」「公共料金」「ことわざ」の5項目を設け、月別一覧表にして記入するようにした。

1年間の様子が一目瞭然となった。さらに改良を重ね、4年目には完璧に使いこなせる「わたしの手帳」にした。ひらめけば書き、1日を振り返っては書く。

最近。

就職した息子は仕事に追われ、夜半にしか帰宅しない。せめて温かい夜食をと、息子を待つ間に書いている。「午前1時50分帰宅」「今日は午前2時40分帰宅」「週に1度の休日、ひたすら眠る」……。こんなことを記入したところで重労働の証明になるだろうか、労働時間の改善につながるだろうかなどと、いらだちを手帳にぶつけている。

「気強く、やさしく」と記録をつけて35年。

いつの日か、このわたしの「記録」も、だれかに影響をもたらすことがあるだろう。姑がわたしに伝えてくれたように、わたしから子孫へ……。年月の重みはひとの心を動かすはずだ。セピア色と化した家計簿や手帳の山も、真新しい手帳も、大切な大切なこころの財産となっている。

袖ふーり合うも
多生の縁
けはするな」
2006

23 ノートの中の母

松原 寛

故郷の岐阜に私たち家族が来るきっかけは、母（松原春美）の病であった。

母は1999年6月28日（月曜日）に悪性の卵巣腫瘍摘出の手術をして危篤となった。35日間入院し、持ち前の体力で退院した。

手術後の処置もひとつの原因で、膿が出たり、痛みなどもあったが、気持ちで乗り越えて回復し、元気になった。

母と私の子供たち3人、妻の交流は、母の退院後、岐阜に来てからである。実質は3年弱だった。

母は書き物をあまり残していない。しかしガンが発病してから、母は「私のノート」と記されたノートに、簡単にその日にあったことを書き残すようになった。1冊目のノートは、1994年6月24日と書かれているので、そのころに作ったと思われる。

記録は1999年10月12日、「2度目の腹部切る」から始まっている。

残されたものを見て、母が「死」というものに直面して、「私の行動・状態を何かに残しておきたい」という強い気持ちになったと思う。

ノートは全部で3冊で、亡くなる年（2002年）の3月10日まで断続的に続いた。

記帳は、2000年5月まで続き、1日に1行がほとんどである。

2冊目は2001年4月1日から始まり、2002年1月3日までである。このころが発病後で、もっとも体調がよかったようだ。

毎日欠かさずに、日によっては4行程度出来事を書いている日も多い。

3冊目は2002年1月1日から始まり（3日間ダブリあり）、3月10日まで

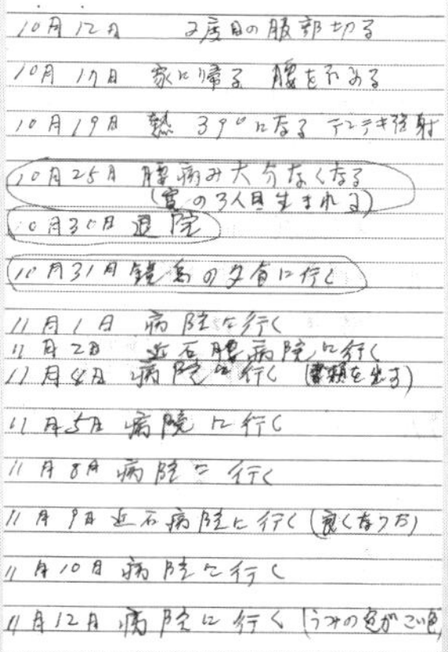
10月12日　2度目の腹部切る
10月17日　家に帰る　腹を痛める
10月19日　熱 39°になる　デニテキ注射
10月25日　腰痛み大分なくなる
（宮の3人目生まれる）
10月30日　退院
10月31日　鏡島の夕食に行く
11月1日　病院に行く
11月2日　近石胆病院に行く
11月4日　病院に行く（書類を出す）
11月5日　病院に行く
11月8日　病院に行く
11月9日　近石病院に行く（良くなった）
11月10日　病院に行く
11月12日　病院に行く（うみの色がこい色

1999年11月15日
抗がん剤投与がこの頃なされていた。そのために頭髪がたくさん抜け、かつらをしている。
〔勝負色はピンクとブルー〕
母はピンクとブルーという原色に近い目立つ色が好きだった。

2000年1月1日
岐阜に来て初めて、伊奈波神社初詣に出かけた。
母は術後で、入退院を繰り返していたが参道を上までのぼった。
日記によると、実は足が痛かったようだ。

続いた。やはり3行ぐらい書いている日が多い。

これ以後母は、1行の記録を残すこともつらくなってきたのだろう。この年の7月27日に亡くなった。

ノートは、母の深い愛や、短かったが楽しい交流を思い出す貴重な資料となっている。

24

手帳に記された名前

仲村和子

辿っていけば、皆の顔が目に浮かぶ。二冊目から七冊目まで、ずっと名前を書いている方がおられる。もう一世紀に近いお歳だが、いつも明るくて前向き。私はいつもその方にあやかりたいと思う。本当に羨ましい限りだ。

しかしその反対もある。ヘルパーの仕事をしている以上、避けては通れないものだから。手帳から名前が消え、もう訪問することもないと思っていても、その方の家の前を通るとかならず、いつも座っていた玄関を見てしまう。私を待っていてくれた姿を思い出す。淋しく思うひとときである。

七冊の手帳の中には、七年の月日の重みがある。自分の思い出が詰まっている。一ヶ月が過ぎると、また新しい一ヶ月に、訪問先の名前を書いていく。

こんな私でも、待っていてくれる人がいる。喜んでくれる人がいる。おいしいと言って昼御飯を食べてくれる人がいる。

ヘルパーの仕事って大変だけど、やり甲斐のある仕事だと思う。そしてこの仕事を選んでよかったと思う。私のヘルパー歴に合わせてこれからも手帳の数は増えていくだろう。

私にとって手帳は、五十代の自分史なのだ。

私が介護の仕事をするようになってから、手帳は手離すことのできないものとなった。今年で七冊目になった手帳には、一年一年、自分がヘルパーとして過ごしてきた記録が書き綴ってある。一年目の手帳を広げると、ほとんど真っ白だ。私がホームヘルパーの資格を取得した時は、まだヘルパーの仕事がどういうものか、あまり世の中に知られてなかった。そのせいか、介護の仕事など無いに等しかったのだ。仕事は一週間に一日、それも一時間だけであった。

一冊目（一年目）の手帳の五月のページには、毎週水曜日にピンクの螢光ペンでマルを書いてある。この日がヘルパーの仕事のある日なのだ。とくに第一水曜日は、大きな花マルで印をつけてある。私のヘルパーデビューの日だったからだ。

初めて伺うお宅。どんなところなのか不安で一杯だった。玄関のチャイムを押すと余計その不安が広がっていった。

家の中から、優しそうな女の人が出てこられ、私はほっとしたことを覚えている。お互い初めてのことで、遠慮しながら話をして、仕事の手順を教えて頂いた。あの日のあの時の気持ちを、今はとても懐かしく思う。

真っ白に近い手帳が、年を重ねていくたび少しずつ訪問するお宅が増え、黒字で予定を書けるようになっていった。

訪問して、お年寄りのお世話をさせていただくことで、この歳になるまで知らなかったこと、為になることなど、改めて教えていただいている。

七年間は、長いようで短かったように思う。新しい訪問先が増えると、また新しい出会いが待っている。手帳の中に書いた人達の名前。

朝子への餞《はなむけ》

森部三登野

き合いもよくし、真面目に学校生活を送ってくれたのはよかった。

二十八年間我々と生活を共にし、その生活態度、物の見方や行動を目の当りにし、どう感じたか知らないが、良きに付け、悪きに付け、我々から見聞したことを今後あらゆる場面で真似て実行するに違いない。それは、意識しなくともお前の身に染みついていることであり、我々のコピーだから当然であるし、親子とはそんなものだろう。お前の生活態度、行動が即ち我々二人の生き様であって、世間からの我々への評価でもあるが、気にしてくれなくても良い。

学校教育以外に特別なことはしてやれなかったが、善悪の区別、判断ができるようなので胸を張って堂々と、自信を持って過ごしてほしい。娘一人を嫁がせるのにかなりうろたえているのに、五人の娘を嫁がせたのはあらゆる面で大変であったと思うが、それでも泰然自若と見えた鳴海のお祖父ちゃん達は、立派であったと思わざるを得ない。

これから二人は、新しい「安達丸」で船出し、荒波に遭遇しながら家庭経営をすることになるが、

1. やはり健康が大事であり、二人とも揃って元気に暮らしてほしいと思う。
2. 粗い計画を立て、目標を持つことが現代の主婦にこそ、必要である。あまり肩に力を入れないで、最初は手を少し伸ばせば届く程度の目標から始め、達成感を味わうことが必要だ。
3. 意見の食い違いはいつも、どこにでも生じることなので、長くは「我」を通さないこと。
4. 気配りを忘れず、安達家（先方）のことを最優先で考えてほしい。

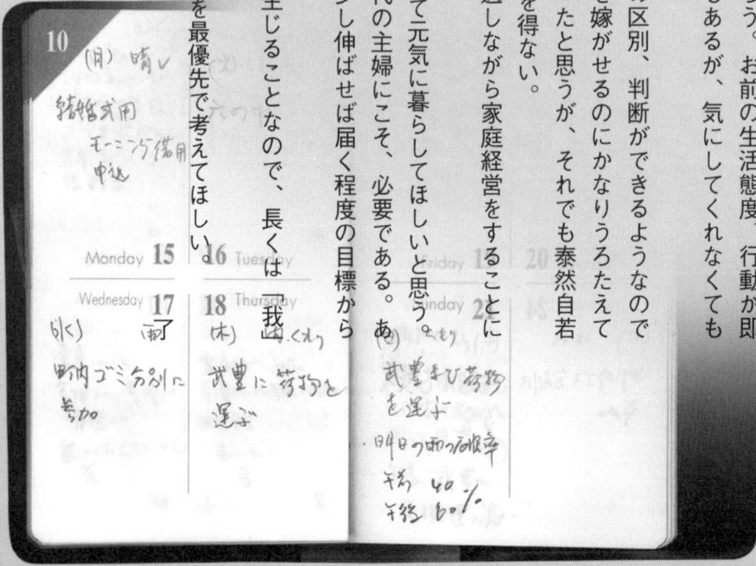

娘の結婚式前後の手帳には、新居への荷物の運び入れや、新婚旅行のため空港へ送迎する予定が書き込んである。娘とは、たびたび時間をともに過ごしていたが、結局、大事なことは話せないままになってしまった。手帳を眺めているうちに、あらためて、娘に手紙を書いてみたいと思った。

お父さんより

結婚おめでとう、やれやれだね。長じてからは結婚相手は自分で探すと言っていたのを大言壮語と思っていたが、この二月に決まって、それが杞憂であったのはよかった。我々が元気なうちに決まったのはうれしい限りであるが、花嫁修業は勿論、心構えも不十分のため、気がかりな面が多いので準備を急いで進めてきた。近い将来、知多半島にまで我が子孫が誕生して綿々と続いて広がることに夢も広がり、気分も心地よく広がった。

出生は昭和四十八年八月七日の暑い早朝、三菱病院で誕生したが、夏休みのことでもあり、お母さんを病院に届けてすぐに帰宅、兄二人にご飯と味噌汁だけの朝飯を与えて、鳴海のお祖母ちゃんに預けて会社に出勤した。三人目でもあり安産のようであった。

命名は八月七日から、「はな」「波奈」「華」「花」「葉菜」などを思い浮かべそれでも頭を捻ったが、誕生が朝なので朝子と私がきめた。良い名前と思うので感謝してもいいだろう。呼ばれたり、名乗る度に「何故こんな名前を…」と嫌な思いをしたお父さんの名前（三登野）を思えば分かるだろう。A SIMPLE NAME IS THE BEST. である。あいにく、兄達の面倒を見る人がいなかったので、暫くの間会社の行き帰りに鳴海に立ち寄る不自由な生活を続けたが、二太郎一姫となって良かったと思う。上の二人に比べたら手が掛からなく順調に成長し、学校生活も問題は何もなく、学力も心配することはなく、友達との付

空白の四日間

渡辺一夫

な風にチョコマか働いても収入は微々たる賃仕事、貧乏だがハングリーな自分に生きがいを感じた。

その頃、あのやり手のママは、この半年程肺を患って名大病院に入院していたな。看護とコマ切れ仕事で、パパはテンテコ舞いだった。ママの希望で家に帰ってからは、自宅で酸素発生器を日夜動かし、その管を鼻にさしていた。苦しい呼吸で毎晩、可哀相だった。

そんなママも、メモを見ると十七日、本家の姪の結婚式に「どうしても」と出かけたな。その無理からか容態悪化。二十一日の「外来」とあるのは、名大病院へ駆け込んだ日だったらしい。二十二日は小康、ホッとした。だが二十三日朝、急変、ママは気を失った。救急車の中の心臓マッサージも無駄だった。

心臓メーターは無情にも、一直線。

その夜は星が丘の大乗寺で通夜、二十四日は葬儀、霊柩車、火葬場。まるで夢を見ているようだった。二十五日はずーっと床の中。

空白の四日間。

でも、でも二十六日の日曜、自由業は明るい顔で働きに出ていたんだな。

またまた、着物の陳列会へのお客呼出しのDMデザインの仕事やら印刷屋との打ち合せ、そのカラー校正、NHK文化センターのカルチャー講師等、雑多な仕事また仕事、そんな中で、パパは一生かけて成った絵描きだから、売り絵から開放され本物の絵が描けた事は、幸せだった。

あれから十一年。お前は東京、姉ちゃんはなんとアメリカ、パパ様は天下の独居老人。七十九歳、今もスケジュール手帳と一緒の毎日。

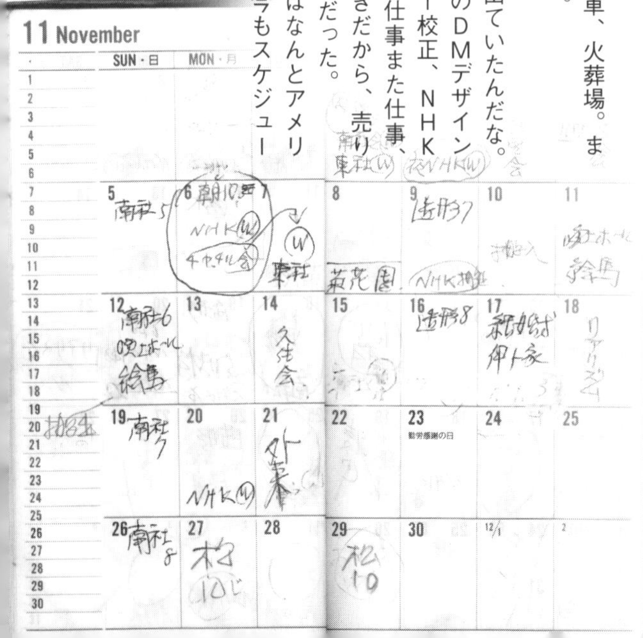

この手帳は一九九五年版、今から十一年前の物で、十一月のスケジュールページだ。パパはお前も承知の通り、昔からの絵描き、天下無敵の自由業、お前たちの暮らしのために走り回っていた。この手帳のメモをみると懐かしい思い出が一杯だ。

一九九〇年頃まで、絵はよく売れたもんだ。絵描きの仲間と上京して絵を描きまくった。絵画ブームと言われた時代だ、世の中の人はなにか、取り憑かれたように絵を欲しがった。

銀座や渋谷の画廊から、あとからあとから注文があって、恥ずかしながら、なんの思想もない装飾的な静物画を描きまくった。

折りしも、お前たち姉妹は音楽学校に進学したいとかで、ママは音楽の桐朋学園に近い東京都三鷹市に建売住宅を買ってしまったんだ。

わしは一日中、頑張ったな。頑張りすぎで狭心症の発作も起し、杏林病院に緊急入院もしたっけ。ママは画料の稼ぎを、老後のためと東京都千歳烏山に購入した小さなマンションの頭金にもあてたんだ。その頃、写生取材のため京都の伏見にアパートも借り、奈良と京都の絵を描くため約二年間も通ったもんだ。

ところが、その絵画ブームも、ある日突然ハジケて、世の中が一変した。

絵の売れない時代、絵描きは生活のため、絵を指導する労働に従事。つまり、美術教師やカルチャー講師なんだ。それが、この手帳のスケジュール欄を埋めている。

手帳の中身を詳細に見ると、「南社」と言うのは、今の南区生涯学習センターの事、ここで毎週の日曜夜の絵画指導、「東社」とは、今の東区生涯学習センターのこと、ここへも時々いっていたようだな。

「造形」というのは、名古屋造形芸術短大の事、ここにも毎週木曜日午後、非常勤講師で行っていたらしい、チャーチル会とか花屋の菊花園にも絵画指導。

「松」とあるのは東京銀座の呉服店の名古屋支店。DMデザインの仕事もしていたんだ。吹上ホールとあるのは中小企業促進の、絵馬制作のデモンストレーションにも参加した。こん

家族の足跡――母子手帳

前原有紀子

安心と言うのが、産院に選んだ理由と記憶している。戦後十七年、二年後は東京オリンピックの開催された年である。田舎道にも開発の波が押し寄せ、そこ此処で道路工事をしており、バスの中には砂煙が容赦なく入ってきた。

病院の入り口では、年配の女の人が番号札と引き換えに履き物を預かっていた。板張りの廊下がたがたのガラス戸であったが、古いとも汚いとも思わなかった。

病室に入って驚いたというより、がっかりした。背中の窪んだ藁のベッドは哀れなものであったし、もちろん冷房はなく、汗だくで授乳に悪戦苦闘した。夜は粗末な網戸をくぐり抜ける蚊に悩まされ、それでも夕方になると稲穂を渡ってくる風が心地よさを運んでくれた。

その日から、二十八年余り。共に歳月を過ごした我が家を後に、私の手元を離れていった。新しく一行が書き加えられる。

平成三年三月二十五日　長女　佳子結婚

もう見ることはないと思っていた母子手帳。

度重なる転居生活に幾たびか処分しようと思ったが、その度にダンボール箱に収まってきた。何故か棄てられなかった。文字の薄れが目立ちはじめたページからも「特記事項なし」が目に入る。

はじめて吾が子を抱いた遠い昔の感触を懐かしみながら、大切に収めておこう。

そして我が家の足跡は、これからも書き加えていきたい。

私の手元に、その年の主な出来事を記した一冊がある。それは、我が家の十大ニュースといった感じで、アルバムのかたすみに書いたものに始まる、気軽なものであったが、今では私の家族の足跡であり歴史となっている。嬉しかったこと、悲しいこと、大きな買い物をしたことなどが、書き加えられて五十年近く、今では忘れる事の出来ない思い出の数々がよみがえってくる。

最初のページは

昭和三十五年十月六日　熱田神宮にて挙式

十一月三日　ボーナスを前にテレビ買う

最初の買い物はテレビであったようだ。テレビは庶民には高嶺の花の時代、とても高い買い物であったと記憶している。六帖四帖半の古い平屋の官舎には似つかわしくない、大きなアンテナがたいそう長い時間かかって立てられた。十数軒の住宅にはアンテナはまばらにしか立っておらず、誰からもテレビを買ったとわかる時代であった。

そして、二年後の

昭和三十七年九月十六日　豊橋国立病院にて長女佳子誕生

その頃わたしは豊橋市の郊外に住んでいた。近くに愛知大学があり落ち着いた街であったが、住宅は十五分ほど歩いた田舎にあった。すでに、私たちの三度目の住宅である。見渡すかぎりの野菜畑、大根や白菜が見る見る大きくなっていく。間引きした野菜を「よかったら欲しいだけ持って行きんさい」と、声をかけてもらった。そんな姿に離れ住む両親を懐かしんだ。

暖かい日差しが温かいこころを育む。そんな情景を、その後の都会生活を余儀なくされた私は、やわらかな三河弁と共に、折りにふれ鮮明に思い出した。

バスで更に田舎へしばらく行くと国立豊橋病院があった。土地勘も無く、大きい病院なら

おわりに

春日井市は、名古屋市の北東部に位置し、尾張文化の影響のもと、俳諧や書道が盛んで江戸の昔から文芸に親しむ庶民が多い土地柄でした。ニュータウンが広がる住宅都市となった現在も、この文化は受け継がれています。

このように、「書くこと」「読むこと」が身近なまちで、自分史を通して、コミュニケーションや自己実現を図ろうという夢を抱き、全国の自治体で唯一の自分史拠点「日本自分史センター」を開設しました。

このたび、「手帳は過去…現在…未来をつなぐもの、手帳はあなただけのミニ年表」——と謳って自分史作品を募集したところ、母子手帳やスケジュール手帳、再就職へのダイアリーなど、さまざまな手帳と、それにまつわる自分史を多数お寄せいただきました。

誰にとっても身近な「手帳」は、使いこむにつれて、その人だけの個性的な記録庫となり、走り書きのメモは、過去のひとコマを鮮明に思い出す手がかりとなります。

有名人の手帳を紹介する本はいくつかありますが、本書では、“ふつうの人”の手帳から、思わず微笑や涙を誘われる作品、考えさせられる作品、示唆に富んだ作品などが生まれました。そのなかからは、夢や生活、さらには深い思索が読み取れるのではないでしょうか。

収録作品に書かれているように、自分史を作ることは、「他人に読ませるためだけではない。自分をみつめなおすチャンス」であることを感じます。

今後も、春日井市では、温故知新の精神によって、先人の経験を学び、夢を叶える礎となる自分史づくりを応援していきます。今回の企画に賛同し、多くの作品を寄せてくださった方々に感謝を申し上げるとともに、この作品集の発刊を機会に、自分史を書く楽しみがより深く浸透し、高まっていくことを心から願っております。

春日井市長　伊藤　太

L－9

data

応募者数の内訳

応募総数	174

（単位＝人）

性別応募者数

男性	141
女性	33

年齢別応募者数

10代	2
20代	8
30代	4
40代	10
50代	8
60代	94
70代	27
80代	8
90代	1
不明	12

最年少	16歳
最年長	91歳
平均年齢	63歳

地域別応募者数

北海道				5
東北（岩手県、宮城県、秋田県、山形県）				5
関東（群馬県、埼玉県、千葉県、東京都、神奈川県）				16
中部	（新潟県、石川県、岐阜県、静岡県）		8	127
	愛知県	春日井市	96	
		その他	23	
近畿（滋賀県、京都府、大阪府、兵庫県）				9
中国（岡山県、広島県）				4
四国				0
九州（福岡県、熊本県）				7
沖縄県				0
海外				1
計				**174**

特別審査員　藤沢優月（文筆業）
審　査　員　安藤紀夫（日本自分史センター相談員）
芳賀倫子（シナリオライター）
平岡俊佑（日本自分史センター相談員）

編集協力　藤沢優月

取材協力　安藤紀夫
芳賀倫子
平岡俊佑

写真協力　Tomo.Yun
www.yunphoto.net

ビジュアル自分史 手帳は語る。

発行日　2007年　5月31日　初版第1刷

編　者　かすがい市民文化財団
発行人　仙道弘生
発行所　株式会社 水曜社
〒160-0022　東京都新宿区新宿1-14-12
TEL 03-3351-8768　FAX 03-5362-7279
URL www.bookdom.net/suiyosha/
印　刷　大日本印刷
制　作　青丹社
装　幀　西口雄太郎

Printed in Japan
ISBN978-4-88065-196-5　C0095